구해줘 과학 ② 카카오프렌즈

글 박영희, 김경민, 김희경, 윤미숙 그림 도니패밀리 감수 장풍, 김지연

머리말

🎤 신나는 과학을 만드는 사람들

여러분, 반가워요. 우린 '신나는 과학을 만드는 사람들'의 **우주최강 4인방**이에요.
우리는 각자 학교에서 여러분처럼 귀여운 학생들을 가르치는 과학 선생님이랍니다.
'과학(Science)'이 뭔지 다들 잘 알고 있죠?
세상의 모든 움직임, 즉 순환하고 작용하는 원리를 누구나 공감하고 인정할 수 있는
체계적인 방법으로 밝혀내는 학문을 말해요. 정말 멋지지 않나요? ♡♡
과학 분야는 크게 물리, 화학, 생물, 지구과학으로 나뉘어져 있어요.

우주최강 4인방도 모두 오랜 시간 동안 과학을 공부하고, 가르쳐왔는데
각자 조금 더 잘 알고, 좋아하는 부분이 따로 있어요.
우주최강 4인방을 간단히 소개할게요.

마법사처럼 모든 걸 섞고 섞어 화학 *미숙쌤* 🔍
셀 수 없이 많은 생물을 소중히 생각하는 생물 *경민쌤* 🍀
언제나 에너지 뿜뿜 물리 *희경쌤* 📟
미스터리한 우주와 지구를 연구하는 지구과학 *영희쌤* ✈

학교 수업 시간 중 궁금한 건 *번쩍!* 손을 들고 질문하는 우리 친구들의 과학 궁금증을
해결하기 위해 우주최강 4인방이 책 안으로 카카오프렌즈♕를 소환했어요.
빛을 잃은 비커 핀을 보고 멘붕이 온 카카오프렌즈는 사이다쌤의 키를 더 자라게 할 수 있을까요?
귀염뽀짝 여러분이 함께 궁금증 해결 대작전을 펼치며 신나는 과학 공부를 해 보세요.

과학 공부라니 벌써부터 머리가 지끈지끈 아파오고 겁이 난다고요?
걱정은 넣어둬요. 1권에서 카카오프렌즈와 힘을 합쳐서 개념콩을 모았던 것처럼
2권에서도 카카오프렌즈와 사이다쌤이 친구들을 도와줄 거예요.

'구해줘 카카오프렌즈'의 마지막 책장을 넘길 때
"아하! 과학은 쉽고, 재미있고, 즐거운 것이구나." 라는 걸 느끼게 되었다면
우리의 역할은 그걸로 다 한 거겠지요. 더할 나위 없이 뿌듯할 겁니다.
자, 그럼 카카오프렌즈와 함께 호기심을 해결하러 떠나볼까요?

해가 저무는 분홍빛 노을 아래에서
- 우주 최강 4인방 -

과학 교과 연계표

대리석을 녹이는 비가 있다고요?	초5-2 산과 염기	중3 여러 가지 화학 반응
왜 소금물 속 소금은 눈에 보이지 않나요?	초5-1 용해와 용액	중2 물질의 특성
철을 녹슬게 하는 범인이 산소라고요?	초6-1 여러 가지 기체	중3 여러 가지 화학 반응
왜 비행기 안에서는 과자 봉지가 빵빵한가요?	초6-1 여러 가지 기체	중1 기체의 성질
소화기로 어떻게 불을 끌 수 있나요?	초6-2 연소와 소화	중3 화학 반응의 규칙과 에너지 변화
버섯이 세균이라고요?	초5-1 다양한 생물과 우리 생활	중3 유전과 진화
외국에서 들어온 생물은 나쁜가요?	초5-2 생물과 환경	중3 유전과 진화
광합성은 식물만 할 수 있나요?	초6-1 식물의 구조와 기능	중2 식물과 에너지
왜 깜짝 놀라면 심장이 빠르게 뛰나요?	초6-2 우리 몸의 구조와 기능	중3 자극과 반응
똥과 오줌은 왜 만들어지나요?	초6-2 우리 몸의 구조와 기능	중3 자극과 반응
왜 같은 온도에서 금속과 나무의 온도가 다르게 느껴지나요?	초5-1 온도와 열	중2 열과 우리 생활
러닝머신을 달려도 과학에서 말하는 운동이 아니라고요?	초5-2 물체의 운동	중3 운동과 에너지
왜 물 컵에 꽂힌 빨대는 휘어진 것처럼 보이나요?	초6-1 빛과 렌즈	중1 빛과 파동
사람의 몸에도 전기가 통한다고요?	초6-2 전기의 이용	중2 전기와 자기
태양계 안에 행성에서 쫓겨난 천체가 있다고요?	초5-1 태양계와 별	중2 태양계
안개는 왜 끼는 건가요?	초5-2 날씨와 우리 생활	중2 기권과 날씨
지구가 태양을 한 바퀴 도는 데 시간이 얼마나 걸리나요?	초6-1 지구와 달의 운동	중2 태양계
왜 겨울엔 낮의 길이가 짧은가요?	초6-2 계절의 변화	중2 태양계

카카오프렌즈

라이언

갈기가 없는 것이 콤플렉스인 수사자

큰 덩치와 무뚝뚝한 표정으로 오해를 많이 사지만,
사실 누구보다도 여리고 섬세한
소녀감성을 지닌 반전 매력의 소유자!
원래 아프리카 둥둥섬의 왕위 계승자였으나,
자유로운 삶을 동경해 탈출!
카카오프렌즈의 든든한 조언자 역할을 맡고 있습니다.
꼬리가 길면 잡히기 때문에, 꼬리가 짧습니다.

어피치

복숭아 나무에서 탈출한 악동 복숭아

유전자 변이로 자웅동주가 된 것을 알고
복숭아 나무에서 탈출한 악동 복숭아 어피치!
섹시한 뒷태로 사람들을 매혹시키며,
성격이 매우 급하고 과격합니다.

무지&콘

토끼 옷을 입은 단무지인 무지와 정체불명 콘

호기심 많은 장난꾸러기 무지의 정체는
사실 토끼 옷을 입은 단무지!
토끼 옷을 벗으면 부끄러움을 많이 탑니다.
단무지를 키워 무지를 만든 정체불명의 악어 콘!
이제는 복숭아를 키우고 싶어
어피치를 찾아 다닙니다.

프로도&네오

부잣집 도시개 프로도와 패셔니스타 네오

프로도와 네오는 카카오프렌즈 공식 커플로
알콩달콩 깨볶는 중!
부잣집 도시개 프로도는 사실 잡종.
태생에 대한 콤플렉스가 많습니다.
자기 자신을 가장 사랑하는 새침한 고양이 네오.
쇼핑을 좋아하는 이 구역의 대표 패셔니스타입니다.
하지만 도도한 자신감의 근원이
단발머리 '가발'에서 나온다는 건 비밀!

튜브

겁 많고 마음 약한 오리 튜브

겁 많고 마음 약한 오리 튜브는
극도의 공포를 느끼면 미친 오리로 변신합니다.
작은 발이 콤플렉스이기 때문에
큰 오리발을 착용합니다.
미운 오리 새끼가 먼 친척입니다.

제이지

힙합을 사랑하는 자유로운 영혼

땅속 나라 고향에 대한 향수병이 있는
비밀요원 제이지!
사명의식이 투철하여 냉철해보이고 싶으나,
실은 어리버리합니다.
겉모습과 달리 알고보면 외로움을
많이 타는 여린 감수성의 소유자.
힙합 가수 Jay-Z의 열혈팬입니다.

구출 대작전

사이다쌤

재치발랄 수업과 예쁜 미소로 학교 인기 짱 선생님.
카카오프렌즈의 과학 호기심을 팍팍 자극해 궁금증을 뻥 뚫어주어 사이다라는 별명을 지녔어요.
카카오프렌즈와 힘을 합쳐 개념콩을 모았지만 키가 완전히 돌아오지는 않았어요. 그리고 빛을 잃은 비커 핀에서는 더 이상 개념콩이 나오지 않아요.
키가 돌아오지 않아 슬프지만 언제나 미소를 잃지 않고 신나게 과학 수업을 한답니다.

아끼는 보물 1호	머리에 달고 다니는 비커 핀
최대 관심사	개념콩이 더 이상 나오지 않는 비커 핀 고치기
걱정거리	줄어든 키가 원래대로 돌아오길 간절히 바라고 있음

나잘나 박사

키가 자라는 물약을 만들 수 있는 신비한 기계를 발명한 박사님.
연구를 위해 한번 연구실에 들어가면 며칠이 지나도록 밖으로 나오지 않는 집념의 사나이랍니다.
더 이상 개념콩이 나오지 않는 비커 핀을 고치기 위해 고군분투하고 있어요. 과연 나잘나 박사님은 비커 핀을 고치고 더 유명해질 수 있을까요?

아끼는 보물 1호	물약을 만드는 신비한 기계
최대 관심사	핵인싸되는 방법

PLAN A
작전명 : 개념 빛을 모아라

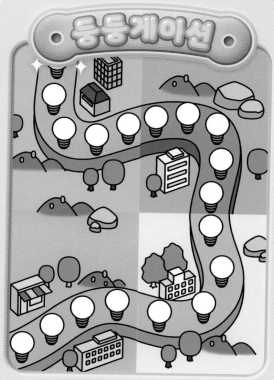

둥둥게이션

반짝 반짝 켜져라 전구는 카카오프렌즈의 과학 지식이 쌓일 때마다 개념 빛이 모이게 됩니다. 개념 빛을 모아 켜져라 전구가 켜지면 다음 단계로 넘어갈 수 있답니다.

0% > 50% > 100%

도착지 물약을 만드는 신비한 기계

지도의 4개 구역에서 켜져라 전구를 찾아 모으며 이동하다 보면 키가 자라는 물약을 만드는 신비한 기계의 위치를 알아낼 수 있어요. 켜져라 전구 18개를 모두 모으면 키가 자라는 물약을 획득할 수 있답니다.

물약을 만드는 신비한 기계

둥둥호

어피치가 아끼는 우주선 장난감. 어느 날 우연히 발생한 과학 실험실에서의 사고로 둥둥호의 크기가 1,000배나 커졌어요. 부우웅~ 시공간을 넘나드는 신비한 기능까지 갖추게 되었지요. 카카오프렌즈들은 둥둥호를 타고 궁금증을 해결하러 어디든지 갈 수 있답니다.

기술력 VR AI   스릴만점 SPEED 변신가능

차례

호음 골똘

나도 키가 자라는 약을 연구하지만 키가 커지는 개념콩이 나오는 비커 핀은 처음 듣는데?!!

힝~

저 비커 핀 완전 탐나는걸? 비커 핀을 고치기만 한다면 연구에 큰 도움이 되겠어.

크크크

흑흑

반짝 반짝 반짝

좋아. 내가 너희를 도와줄게.

오예!

여기. 키가 자라는 물약이야.

척

오 마이 갓!

앗!

치우웅

깜놀

뭐야?
쌤이 원래 키로
커지지 않았잖아.

역시 한 병으로는
완벽하게
돌아오지 않는군.

흐음

키를 더 키우기 위해서는
물약 한 병이 더 필요해. 그렇지만
내가 가지고 있는 물약은 방금
마신 게 마지막이었단다.

약속과
다르잖아요.

박사님만 믿었는데….

혁!

힝….

으앙~

우리 주변의 여러 가지 화학 반응

궁금증을 해결하고 켜져라 전구를 켜보세요!

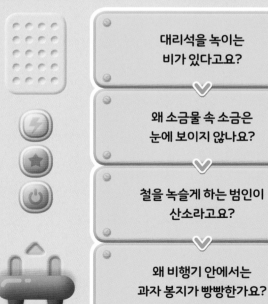

대리석을 녹이는
비가 있다고요?

왜 소금물 속 소금은
눈에 보이지 않나요?

철을 녹슬게 하는 범인이
산소라고요?

왜 비행기 안에서는
과자 봉지가 빵빵한가요?

소화기로 어떻게
불을 끌 수 있나요?

대리석을 녹이는
비가 있다고요?

쿠르르릉

샤아아

샤아아아

까악

후다닥

뭘 그렇게 뛰어가.

느긋~

제이지! 빨리 뛰어.
비 맞잖아.

휙

22

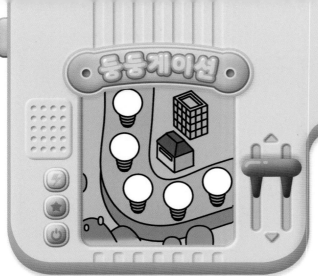

대리석을 녹이는
비가 있다고요?

초 5-2 산과 염기   중3 여러 가지 화학 반응

산성비는 대리석을 부식시킬 수 있어.

*부식 주위 물질과의 화학 반응으로 표면이 녹는 것

대머리가 되면 안 되는데…!

힝….

후다닥

제가 산성비를 맞았는데 대머리가 되면 어떡하죠?

으앙~

산성비를 맞으면 머리카락이 빠진다는 얘기가 있지만 별로 영향은 없어. 하지만 대기의 먼지, 매연 등이 비와 함께 내리기 때문에 비를 직접 맞지 말고 우산을 쓰는 게 좋단다.

휴우~

그런데 산성? 산성비가 산성인 비라는 뜻이었어요?

그럼 비 이름인 줄 알았어?

띠용

용액은 성질에 따라 산성과 염기성으로 나눌 수 있어. 산성은 레몬, 식초 등이 있고, 염기성은 석회수, 비눗물 등이 있단다.

레몬   식초   석회수   비눗물

산성   염기성

레몬은 산성이구나.

먹고싶당♥

30%
산성

24

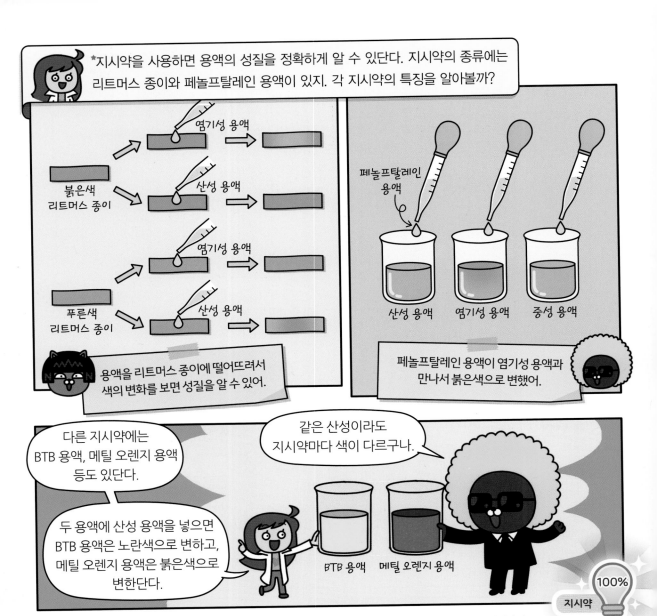

*지시약 어떤 용액을 만났을 때 그 용액의 성질에 따라 변화가 나타나는 물질로 어떤 액체가 산성인지 염기성인지 알아보기 위해 사용하는 약품

제이지가 알게 된 개념

산성	pH가 7보다 낮은 물질로 대부분 신맛을 낸다. 산성 용액에 달걀 껍데기나 대리석 조각을 넣으면 기포가 발생하며 녹는다. ⑩ 식초, 레몬즙, 염산, 사이다 등
염기성	pH가 7 이상인 물질로 대부분 쓴맛이 나고 미끌미끌하다. 염기성 용액에 두부나 삶은 달걀 흰자를 넣으면 흐물흐물하게 녹으며 용액이 뿌옇게 된다. ⑩ 비눗물, 유리 세정제, 석회수, 수산화 나트륨 용액 등
지시약	산성 : 푸른색 리트머스 종이가 붉은색으로 변한다. 페놀프탈레인 용액의 색은 변하지 않는다. 　　　 메틸 오렌지 용액은 붉은색으로, BTB 용액은 노란색으로 변한다. 　　　 (염기성에서는 노란색),　　　 (염기성에서는 푸른색) 염기성 : 붉은색 리트머스 종이가 푸른색으로 변한다. 페놀프탈레인 용액이 붉은색으로 변한다.

산성과 염기성은 말이야 반대의 성질을 가지고 있어

산성 + 염기성

산성 용액과 염기성 용액을 섞으면 산성도 염기성도 아닌 중성으로 변하는 현상을 중화 반응이라고 해. 중성 용액은 산성의 특징도 염기성의 특징도 나타내지 않아.

생활 속 지시약

자주색 양배추를 이용하면 지시약을 손 쉽게 만들 수 있어. 만드는 방법을 한번 볼까?

1 자주색 양배추를 잘게 잘라 비커에 담는다

2 자주색 양배추가 잠길 정도로 물을 넣는다.

3 알코올램프를 이용하여 끓이며 자주색 양배추를 우려낸다.

4 충분히 식힌 후 우려낸 용액을 체에 거른다.

우리 몸속의 산성

> 지금 내 위에서 위액이 나와 소화시키는 중이야.

먹은 음식을 소화시키는 소화액인 *위액도 산성 용액이야. 위액이 강한 산성을 띠는 이유는 음식과 함께 몸 안에 들어온 세균을 제거하고 음식물을 분해하기 위해서이지. 이렇게 강한 산성인 위액이 나오는데 위벽이 무사한 이유는 *뮤신이라는 물질로 코팅되어 있기 때문이란다. 정말 신기하지?

* **위액** 단백질을 녹이는 펩신과 그것이 활발하게 반응할 수 있게 해주는 염산으로 이루어져 있음

* **뮤신** 점액의 한 성분으로 점액을 끈적끈적하게 만드는 물질

> 장미꽃, 포도, 가지 등으로도 지시약을 만들 수 있대.

자주색 양배추 지시약은 산성 용액에서는 붉은색 계열의 색으로, 염기성 용액에서는 푸른색이나 노란색 계열의 색깔로 변해.

27

왜 소금물 속 소금은
눈에 보이지 않나요?

개념 빛을 밝혀라 미션

용해
용액
용해도

NO.2

두 번째 켜져라 전구를
찾으러 출발!!

휴~

좋아요.

튜브피곤

힘듦

토닥

긴장했더니
배가 고프네.

꼬르륵~

얏!

벌컥

벌컥

컥

으악, 짜!

퉤퉤퉤

뭐야.
소금물이잖아?

소금이 보이지 않아서
그냥 물인 줄 알았네.

오잉?

튜브에게 궁금증이 생겨 켜져라 전구를 켤 수 있습니다

0%

28

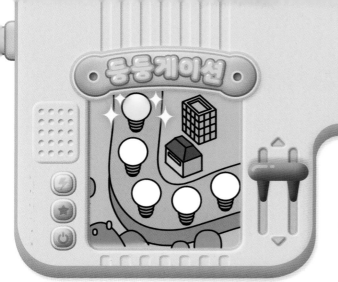

초 5-1 용해와 용액   중2 물질의 특성

소금이 **용해**되었기
때문이야.

튜브, 무슨 일이야?

소금이 눈에 보이질 않아서
그냥 물인 줄 알고 마셨는데,
소금물이었어요.

소금이 용해된 물을
마셨구나?

용해???
용해가 뭐예요?

후타닥

용해는 흔히 우리가
'녹는다'라고 표현하는 현상이란다.
어떤 물질이 다른 물질에 녹아
골고루 섞이는 것을 말하지.

소금

촤르

찌겠다앙

30%
용해

이때 소금처럼 녹는 물질을 '용질'이라고 하고,
물처럼 용질을 녹이는 물질은 '용매'라고 부른단다.
용매에 용질이 녹아있는 물질은 '용액'이라고 부르지.

어려워~
용용? 비슷한 말이
왜 이렇게 많지? 그림으로
정리해야겠어.

힝...

소금 (용질)   +   물 (용매)   →   소금물 (용액)

프로도, 뭐 마시는 거야?

미숫가루야. 튜브, 너도 마셔봐.

맛있어~

쌤, 미숫가루 음료도 용액 맞죠?

잠깐!

그렇지 않아. 용액은 용매와 용질이 균일하게 섞여 있어야 해. 하지만 용질인 미숫가루가 시간이 지나면 바닥에 가라앉기 때문에 용액이라고 할 수 없어.

헐

아하!

소금물은 소금과 물이 골고루 섞인 용액이기 때문에 소금이 보이지 않는구나.

쭙쭙

70%

용액

프로도, 뭐해?

나도 용액을 만들어보고 있어.

소금

콸콸

그런데 소금이 녹다가 어느 순간부터 녹지 않고 그냥 가라앉아.

그건 물에 용해될 수 있는 양이 정해져 있기 때문이야.

같은 양의 물에 소금과 베이킹 소다를 한 숟가락씩 넣으며 관찰해보자. 계속 넣다 보면 베이킹 소다는 더 이상 녹지 않고 가라앉지만 소금은 계속 녹을 거야.

수북

소금

베이킹 소다

물(용매) 100g에 최대한 용해될 수 있는 용질의 양(g)을 용해도라고 한단다.

생활 쏙! 과학 탐구

과정 용해되기 전과 후의 무게 비교

- 준비물 : 전자저울, 유리컵, 물, 각설탕

1. 물이 담긴 유리컵과 각설탕의 무게를 잰다.
2. 물에 각설탕을 넣고 모두 녹인다.
3. 설탕물이 담긴 유리컵의 무게를 잰다.
4. 1번에서 잰 무게와 설탕물이 담긴 유리컵의 무게를 비교한다.

전 140g

후 140g

결과 각설탕이 물에 용해되기 전과 후의 무게는 같다.

용질이 용매에 용해되면 사라지는 것이 아니라 쪼개져 섞여 있다.

튜브가 알게 된 개념

용질 + **용매** → **용액**

녹는 물질 · 녹이는 물질

용해

어떤 물질이 다른 물질에 녹아 골고루 섞이는 현상

녹는 물질이 녹이는 물질에 골고루 섞여 있는 물질

용해도

어떤 온도에서 물(용매) 100g에 최대로 용해될 수 있는 용질의 양(g)

용질의 양에 따라 진하기가 결정돼

투명한 용액은 눈으로 보기에는 똑같은데
어떻게 용액의 진하기를 비교할 수 있을까?
같은 양의 물에 각설탕 한 개를 녹이고
다른 한쪽에는 각설탕 열 개를 녹여 방울토마토를 넣어봐.
각설탕 열 개를 넣은 용액에서만 방울토마토가 떠오를 거야.
용액이 진하면 *부력도 크기 때문에
방울토마토가 떠오르는 거란다.

*부력 물속에서 물이 물체를 떠받치는 힘

한 개

열 개

└ 더 높이 떠오른
방울토마토

진하기 비교

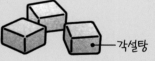

우리나라의 바다는
염분이 낮기 때문에
몸이 뜨지 않아.

달달한 설탕물♥

물에 녹으면

만날 수 있는 곳

각설탕

설탕이 물에 용해되어도
사라지는 게 아니야.
설탕 입자가 눈에 보이지 않을 정도로
매우 작아지고 골고루 섞이면서
물 입자가 설탕 알갱이를 둘러싸기 때문에
설탕이 우리 눈에 보이지 않는 거란다.

사해에서는
튜브가 필요 없겠어.

수영을 하지 못해도 몸이
둥둥 뜨는 호수가 있어. 사해는
이름 때문에 바다라고 생각하기 쉽지만 소금물로
이루어진 호수란다. 사해는 일반 바닷물의 6배가
넘는 염분을 가지고 있어서 사람이 들어가도 몸이
둥둥 뜰 수 있어. 사해에서는 생물이 살 수 없단다.

죽음의 바다라는 뜻을 가진
호수인 사해. 무시무시하지?

死 죽을 사   海 바다 해

설탕 알갱이를
둘러 싸자!

☺ 물
😊 설탕

튜브가 사이다쌤, 프로도를 초대했습니다.

쌤! 쌤! 용액에 대해 공부하다가
새로운 궁금증이 생겼어요!

 새로운 궁금증?

소금이나 설탕 같은 고체 말고 액체와
기체도 용질이 될 수 있나요?

 기체가 용질이라고? 기체를 어떻게 녹여?

 액체와 기체 모두 용질이 될 수 있어.

액체인 알코올을 물에 넣으면 용해되어
희석한 알코올 용액을 만들 수 있어.

어피치가 좋아하는 콜라는
기체인 이산화 탄소를 물에
녹여 만든 용액이란다.

기체의 용해 ...

탄산음료의 뚜껑을 열었을 때 기포가 올라오는 이유는
탄산음료 속에 녹아있던 이산화 탄소 기체가 빠져나오
기 때문이다.
탄산음료 병을 뜨거운 물에 넣으면 얼음물에 넣었을
때보다 기포가 더 많이 올라오는 것을 볼 수 있다.

 콜라에 이런 비밀이 숨겨져 있었다니.

기체도 용해될 수 있구나….

앞으로 음료수를 마실 때마다 생각날 것 같아.

고체, 액체,
기체 모두 용질이
될 수 있어

 ☺ #

철을 녹슬게 하는 범인이
산소라고요?

꺄~

남산이다~

자물쇠가 많네.

사랑의 자물쇠라는데?
여기에 자물쇠를 걸면
절대 헤어지지 않는대.

하뚜~

네오! 우리도
자물쇠를 걸자♥

호호호

앗

34

흠...
왜 이렇게 녹슨 자물쇠가 많지?

그러게. 비를 맞아서 그런 건가?

갸우뚱

산소가 철을 녹슬게 했기 때문에 그래.

산소가 철을 녹슬게 한다고요?

오잉?

아무리 그래도 우리의 사랑을 막을 순 없어!

부비

프로도 ♥ 네오

부비~

0%

프로도에게 궁금증이 생겨 켜져라 전구를 켤 수 있습니다

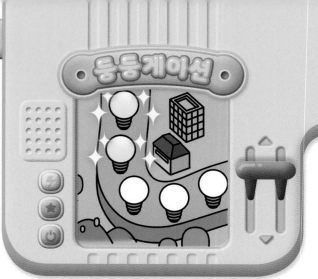

철을 녹슬게 하는 범인이
산소라고요?

초 6-1 여러 가지 기체   중3 여러 가지 화학 반응

산소가
철을 **산화**시키기
때문이야.

*산화 어떤 물질이 산소와 결합하는 것

산화

물질 + 산소 = 새로운 물질

지구상의 생명체가 살아가는 데
꼭 필요한 산소는 다른 물질과
만났을 때 화학 반응이 일어나고
새로운 물질로 변한단다.

산소가 그런 성질을
가지고 있었다니.

학교로 돌아가서
산소를 발생시키는 실험을 통해
산소의 또 다른 성질을 살펴볼까?

저요 저요 실험실

과정

1. 가지 달린 삼각 플라스크에 물을
   조금 넣고 *이산화 망가니즈를
   한 숟가락 넣는다.

2. 묽은 과산화 수소수를 깔때기에
   붓고, 핀치 집게를 조절하여
   과산화 수소수를 조금씩 흘려보낸다.

3. 집기병에 산소를 모으고
   물속에서 유리판으로
   집기병 입구를 막아 꺼낸다.

기체의 부피를 눈으로
확인하고 다른 기체와
섞이지 않도록 물속에서
모으는 거야.

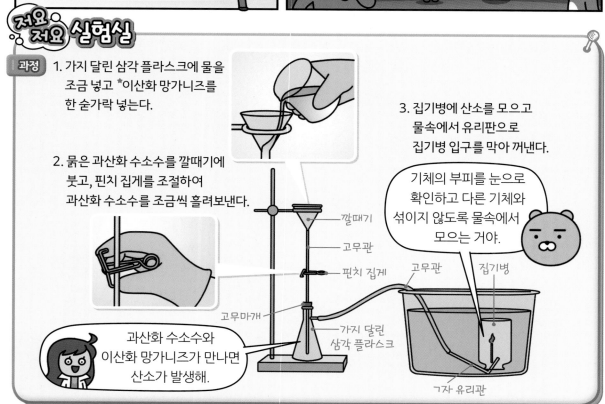

깔때기
고무관
핀치 집게
고무마개
가지 달린
삼각 플라스크
고무관
집기병
ㄱ자 유리관

과산화 수소수와
이산화 망가니즈가 만나면
산소가 발생해.

*이산화 망가니즈 이산화 망간이라고도 하며 흙갈색 가루로 성냥, 물감 등을 만드는 데 쓰이거나 산화제로 쓰임

우아!

불꽃이 커졌다!

산소는 물질이 타는 것을 도와주는 성질을 가지고 있어.

산소가 물질을 더 타게 하는 구나.

그래서 산불이 났을 때 바람이 불면 불이 더 거세지는 건가봐.

50% 산소

그럼 이산화 탄소는 물질을 타지 않게 해주는 성질을 가지고 있나?

글쎄...

맞아. 이산화 탄소는 산소를 차단하여 물질이 타는 것을 막는 성질이 있단다.

이산화 탄소는 어떻게 발생시킬 수 있을까? 실험 방법은 산소 발생 실험과 같아.

저요 저요 실험실

과정

산소와 같은 실험 도구를 사용해서 실험해 볼까?

1. 가지 달린 삼각 플라스크에 물을 넣은 뒤 탄산수소나트륨을 네다섯 숟가락 넣는다.

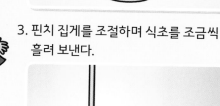

탄산수소나트륨

2. 진한 식초를 깔때기의 $\frac{1}{2}$ 정도 붓는다.

3. 핀치 집게를 조절하며 식초를 조금씩 흘려 보낸다.

4. 유리관 끝에서 이산화 탄소가 나오는 것을 확인할 수 있다.

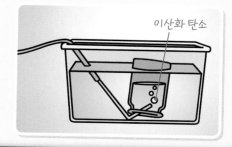

이산화 탄소

이산화 탄소의 특징은 무엇일까?

이산화 탄소는 산소와 다르게 물질이 타는 것을 막는 성질을 가지고 있어.

우아!

진짜 불꽃이 꺼지네요.

쉬이익~

향불을 사용할 땐 화상을 입지 않도록 조심하자.

또 이산화 탄소가 들어있는 집기병에 석회수를 넣으면 뿌옇게 변해.

때용

이거봐!

아직 이산화 탄소가 들어 있나?

이산화 탄소는 색깔도 냄새도 없기 때문에 우리가 눈으로 확인할 수 없단다.

산소와 이산화 탄소 모두 색깔도 냄새도 없지만 서로 다른 성질을 가지고 있구나.

아하!

그래서 과학 실험이 필요한 건가봐♥

100%
이산화 탄소

 프로도가 알게 된 개념

산소 이산화 망가니즈와 과산화 수소수가 만나면 산소가 발생한다.
산소는 다른 물질이 타는 것을 돕는 성질이 있다.

이산화 탄소 탄산수소나트륨과 식초가 만나면 이산화 탄소가 발생한다.
이산화 탄소는 물질이 타는 것을 막아주고, 석회수를 뿌옇게 만드는 성질이 있다.

산소는 말이야 없어서는 안될 소중한 공기 중 하나야

이산화 탄소(0.03%) ─ 기타(0.01%)
아르곤(0.93%)

산소(20.95%)
질소(78.08%)

공기

공기는 여러 가지로
구성되어 있구나!

나는 공기라는 패밀리 안에 속해있어.
그 안에는 질소가 가장 많고, 산소인 내가
그 다음으로 제일 많은 양을 차지하고 있지.
내 뒤로 아르곤, 이산화 탄소 기체들이
소속되어 있단다.

공기를 이루는 여러 가지 기체

산소
산소
산소
산소
산소

많이 들이마시면

나는 숨을 쉬는 데 꼭 필요하지만
나를 오랫동안 많이 마시면 오히려 문제가
될 수 있어. 폐가 손상되거나 신경계에
이상이 생겨 눈이 안 보일 수도 있단다.
이런 문제를 산소 중독이라고 해.
하지만 산소 중독은 일반적인 상황에서
일어나는 문제는 아니니
크게 걱정하지 않아도 돼.

발견

셀레

내가 발표만
먼저 했었어도.

프리스틀리

산소를 발견한
사람은 나야나!

나의 존재는 1772~1774년에
과학자 '셀레'와 '프리스틀리'에 의해
각각 독립적으로 발견되었어.
존재는 셀레가 먼저 발견하였지만
프리스틀리가 먼저 발표를 했기 때문에
공적은 보통 프리스틀리에게 주어지지.

산소에
중독되었어.

산소가 너무
많아도 문제라니.

뭐든 적당한 게 좋아.

39

왜 비행기 안에서는 과자 봉지가 빵빵한가요?

헉!

빵빵

무지, 이거 좀 봐봐.

오잉?

캬~

과자 봉지가 터질 거 같아! 신기하네. 사진 찍어야지.

찰칵

먹으면 안돼. 편의점에 가서 바꿔달라고 하자.

이 과자는 불량이 아닐까?

흠…

앗

큰일나~

착륙!

푸슈슉

이럴수가!

다시 돌아왔네?

슈우우우

왜 하늘에서만 과자 봉지가 빵빵한 거지?

0%

라이언에게 궁금증이 생겨 켜져라 전구를 켤 수 있습니다

40

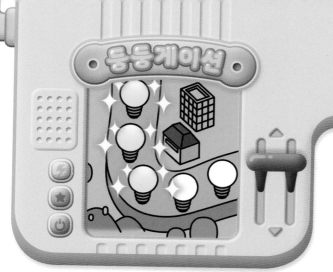

압력에 따라
기체의 부피가
달라지기 때문이야.

쌤, 이거 보세요.

과자 봉지가 빵빵해서
불량인 줄 알고 바꾸려 했는데,
둥둥호가 착륙하니까
다시 가라앉았어요.

그건 불량이 아니라 압력 때문이야. 땅 근처보다
높은 하늘에서 압력이 더 약해지거든.
기체는 압력에 따라 부피가 달라진단다.

강한 압력

약한 압력

압력에 따라 기체의
부피가 다르다고요?

주사기에 공기를 넣고
주사기 피스톤을 약하게 누를
때와 강하게 누를 때를 비교해봐.
피스톤을 강하게 누를 때 공기의
부피가 많이 작아지는 것을
알 수 있어.

약하게 누를 때   강하게 누를 때

처음 위치   처음 위치

나중 위치   나중 위치

꾸욱

압력에 따른 부피 변화

약한 압력   강한 압력

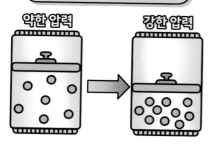

즉, 기체를 누르는 압력이
커질수록 기체의 알갱이 사이의
간격이 좁아지기 때문에 부피가
줄어드는 거란다.

불량 과자가
아니었구나.

와~

압력에 따른 기체의 부피   50%

기체는 압력뿐만 아니라 온도에 따라서도 부피가 변해. 삼각 플라스크 입구에 풍선을 끼우고 뜨거운 물과 얼음 물에 각각 넣어봐. 시간이 지날수록 뜨거운 물에 담긴 풍선이 부풀어 오르는 걸 볼 수 있을 거야.

온도가 높아지면 기체의 부피는 커지고

온도가 낮아지면 기체의 부피는 작아지는구나.

볼록

추욱

뜨거운 물

얼음물

그런데 왜 풍선이 부풀어 오르는 거예요?

온도가 높을수록 기체 안에 있는 알갱이의 운동이 활발해지기 때문이란다.

무지 궁금

반대로 온도가 낮을수록 기체 알갱이는 움직임이 둔해지기 때문에 부풀어 오르지 않는 거야.

100%

온도에 따른 기체의 부피

생활 쏙! 과학 탐구

과정 찌그러진 탁구공 펴기

■ 준비물 : 찌그러진 탁구공, 뜨거운 물

1. 탁구공의 한쪽 면을 찌그러트린다.
2. 찌그러진 탁구공을 뜨거운 물에 넣는다.
3. 시간이 지난 후 탁구공의 모양을 확인한다.

└ 뜨거운 물

결과 탁구공의 찌그러진 부분이 펴졌다.

온도가 높아지면 기체의 부피가 커진다.

라이언이 알게 된 개념

압력에 따른 기체의 부피 기체에 작용하는 압력이 작아지면 부피는 커지고, 작용하는 압력이 커지면 부피는 작아진다.

온도에 따른 기체의 부피 온도가 높아지면 기체의 부피는 커지고, 온도가 낮아지면 기체의 부피는 작아진다.

압력과 온도에 따라 달라져

내 이름은 보일. '기체의 부피는 압력에 따라 달라진다'는 사실의 보일의 법칙을 발견했어.

나는 샤를. '기체의 부피는 온도에 따라 달라진다'는 사실의 샤를의 법칙을 발견했지.

보일의 법칙
압력

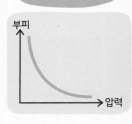

보일

샤를의 법칙
온도

샤를

기체의 온도가 일정하다면 압력에 따라 기체의 부피가 변한다는 건 알고 있지? 압력이 세다면 기체의 부피는 줄어들고, 압력이 약하다면 기체의 부피는 커져. 즉, 기체의 압력과 부피는 반비례해. 이러한 법칙을 나의 이름을 따서 '보일의 법칙'이라고 하지.

내가 바로 '샤를의 법칙'을 발견한 샤를이야. 압력이 일정할 때 온도가 올라갈수록 기체의 부피는 함께 커진다는 법칙을 말해. 구체적으로는 기체의 종류에 상관없이 온도가 1°C씩 올라갈 때마다 기체의 부피는 처음의 $\frac{1}{273}$ 배씩 증가해.

구체적인 예시

물속의 공기 방울
깊은 바닷속에서 잠수부가 내뿜은 공기 방울은 물의 압력이 작아져서 위로 올라갈수록 점점 크기가 커져.

헬륨 풍선
헬륨 풍선은 하늘을 날아가다가 부피가 점점 커지고 터지며 땅으로 떨어져.

구체적인 예시

뜨거운 음식의 비닐 랩
뜨거운 음식을 비닐 랩으로 감싸면 온도가 높아지면서 기체의 부피가 커지기 때문에 비닐 랩이 볼록하게 부풀어 올라.

여름철 타이어
여름에는 더운 날씨에 타이어 속 공기의 부피가 커져 터질 수 있기 때문에 공기를 적게 넣어.

소화기로 어떻게
불을 끌 수 있나요?

개념 빛을 밝혀라 · 미션

연소의 조건
연소 후 생기는 물질
소화의 조건

NO.5

앗! 저기에도 불이 붙었어!

신기해

어피치, 봤어?

소화기에서 물이 아니라 분말이 나왔어. 어떻게 소화기로 불을 끌 수 있는 거지?

와아~

멋져요

무지에게 궁금증이 생겨 켜져라 전구를 켤 수 있습니다

0%

45

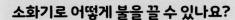

소화기로 어떻게 불을 끌 수 있나요?

초 6-2 연소와 소화 중3 화학 반응의 규칙과 에너지 변화

소화기 속의 분말이 산소를 차단해 불을 끌 수 있어.

쌤! 학교에 오면서 소화기로 불을 끄는 모습을 봤어요.

그런데 불은 물로 끌 수 있는 거 아닌가요?

소화기 안에 물이 아닌 다른 게 들어 있던데요?

소화기의 원리를 배우기 전에 우선 불이 나는 조건부터 알아볼까?

물질이 빛과 열을 내며 타는 현상을 연소라고 해. 연소의 조건을 알아보자.

• 연소의 조건 •

산소 / 탈 물질

물질이 타기 위해서는 공기 중의 산소와 탈 물질이 필요하다. 산소가 부족하다면 탈 물질이 남아 있어도 더 이상 타지 않는다.

모닥불에 살살 부채질을 하면 불이 더 활활 타올라.

발화점 이상의 온도

물질의 온도가 발화점 이상이 되어야 한다. 발화점은 불에 직접 닿지 않고 타기 시작하는 온도로, 물질마다 모두 다르다.

성냥의 머리 부분은 나무보다 발화점이 낮아 불이 먼저 붙어.

40%

연소의 조건

46

무지의 관찰 노트

초가 연소한 후 생기는 물질

물

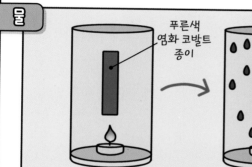

푸른색 염화 코발트 종이

물

관찰 결과 푸른색 *염화 코발트 종이가 붉게 변했다.

초가 연소한 후 물이 생겼다.

*염화 코발트 종이 수분을 확인하기 위한 종이. 건조할 땐 푸른색을 띠지만 물에 닿으면 붉은색으로 변함

이산화 탄소

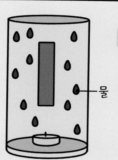

관찰 결과 석회수가 뿌옇게 흐려졌다.

초가 연소한 후 이산화 탄소가 생겼다.

석회수

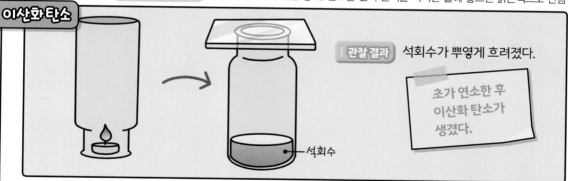

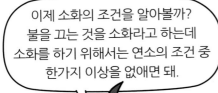

이제 소화의 조건을 알아볼까?
불을 끄는 것을 소화라고 하는데
소화를 하기 위해서는 연소의 조건 중
한가지 이상을 없애면 돼.

첫째 탈 물질을 없애면 돼.

후~

둘째 산소를 차단하면 되지.

집기병 안으로
산소가 들어가지 못해.

탁

셋째 발화점보다 낮은 온도로 만들면 돼.

칙칙

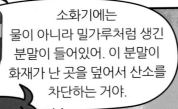

소화기에는
물이 아니라 밀가루처럼 생긴
분말이 들어있어. 이 분말이
화재가 난 곳을 덮어서 산소를
차단하는 거야.

산소의 *공급을 차단하면
불을 끌 수 있지.

푸슈슉

*공급 요구나 필요에 따라 물품을 제공하는 것

100%
소화의 조건

 무지가 알게 된 개념

연소의 조건 ① 물질이 타기 위해 산소가 필요하다. ② 온도가 발화점 이상이 되어야 한다.

연소 후 생기는 물질 물, 이산화 탄소

소화의 조건 ① 탈 물질을 없앤다. ② 산소의 공급을 차단한다. ③ 발화점보다 온도를 낮춘다.

화재 초기 진압에 사용할 수 있는 고마운 기구야

내 안에는 흰색 작은 분말 가루가 들어있어.
그 가루가 불을 끄는 역할을 하지.
분말이 불길을 덮어 산소를 차단하거나
분말이 불길 주변을 냉각시켜 발화점보다
낮은 온도를 만들어 불을 끄는 원리란다.
불이 나지 않았는데 함부로 나를
사용하면 안 되는 거 알지?

원리

소화기는 항상 관리해 놓아야 응급 상황에서 바로 쓸 수 있어.

관리 방법

산소가 부족해서 꺼질 거야.

너무 추워서 꺼질 거야.

정상

내 얼굴에서
압력계를 볼 수 있을 거야.
항상 압력계가 정상인
녹색 범위를 가리키고 있는지
확인해줘. 그리고 한 달에 한번씩
나를 흔들어 분말이 굳지 않도록 해야 해.
항상 통풍이 잘 되고 서늘하며
눈에 잘 띄는 장소에 놓아야 한단다.
아참! 화기 주변에 설치하면
안 된다는 사실도 잊지 마!

사용 방법을 잘 배워 놓아야지.

사용 방법

① 소화기를 불이 난 곳으로 옮긴다.

② 소화기의 안전핀을 뽑는다.

③ 바람을 등지고 소화기의 고무관이 불 쪽을 향하게 잡는다.

④ 손잡이를 누르며 불을 향해 빗자루로 쓸 듯이 소화 분말을 뿌린다.

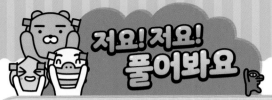
1 자주색 양배추 지시약을 여러 가지 용액에 떨어뜨렸을 때 용액의 색이
각각 다르게 나타나는 이유를 바르게 말한 카카오프렌즈는 누구일까요?

정답
스티커

용액의 성질이
다르기 때문이야.

용액의 온도가
다르기 때문이지.

용액의 양이
달라서 그래.

용액의 냄새가
달라서 그래.

2 초가 연소한 후 생기는 물질을 바르게 이야기한 카카오프렌즈는 누구일까요?

정답
스티커

석회석이 생겨.

알코올이 생겨.

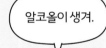

산소가 생겨.

물이 생겨.

3 묽은 염산을 넣었을 때 기포가 발생하는 물질을 말한 카카오프렌즈는
누구일까요?

정답
스티커

삶은 달걀

달걀 껍데기

두부

플라스틱 자

4 붉은색 리트머스 종이에 염기성 용액을 떨어뜨렸을 때의 색을 바르게 말한 카카오프렌즈는 누구일까요?

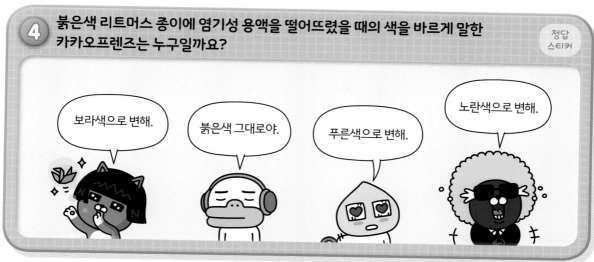

보라색으로 변해.

붉은색 그대로야.

푸른색으로 변해.

노란색으로 변해.

5 다음 용어의 뜻을 바르게 연결해 보세요.

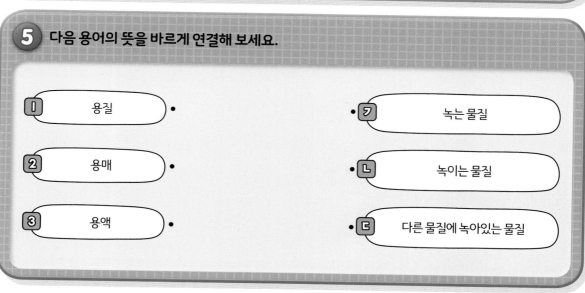

1	용질		ㄱ	녹는 물질
2	용매		ㄴ	녹이는 물질
3	용액		ㄷ	다른 물질에 녹아있는 물질

6 맞는 문장에는 ○, 틀린 문장에는 ✕를 써 보세요.

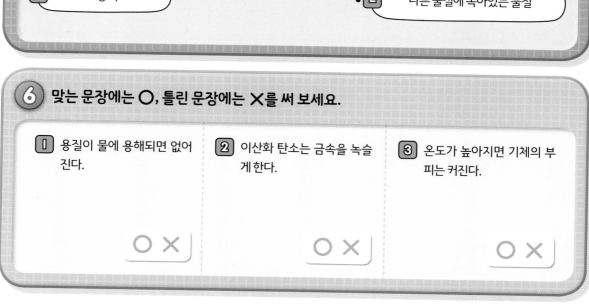

1 용질이 물에 용해되면 없어진다.

○ ✕

2 이산화 탄소는 금속을 녹슬게 한다.

○ ✕

3 온도가 높아지면 기체의 부피는 커진다.

○ ✕

51

7 다음 ①~④에 해당하는 용어를 모두 찾아 ◯표 해보세요.

① pH가 7보다 낮은 물질로 대부분 신맛을 낸다.

② 물질이 빛과 열을 내며 타는 현상

③ 어떤 물질이 다른 물질에 녹아 골고루 섞이는 현상

④ 공기 중 가장 많은 양을 차지하고 있는 기체

산	학	바	다
성	연	기	술
질	소	화	용
지	금	서	해

저요! 저요! 맞춰봐요

궁금증을 해결했는지 한번 확인해 볼까?

정답

① 라이언

② 네오

③ 튜브

④ 어피치

⑤ ①—㉠ ②—㉡ ③—㉢

⑥ ① ✕ ② ✕ ③ ◯

⑦ ① 산성 ② 연소 ③ 용해 ④ 질소

다양한 생물의 성장

궁금증을 해결하고 켜져라 전구를 켜보세요!

버섯이 세균이라고요?

외국에서 들어온
생물은 나쁜가요?

광합성은
식물만 할 수 있나요?

왜 깜짝 놀라면
심장이 빠르게 뛰나요?

똥과 오줌은 왜
만들어지나요?

버섯이 세균이라고요?

식물원에 오니까 풀 냄새가 나네!

음~ 스멜~

와~

와아

꺄르르르

식물원 소풍 좋다앙♥

룰루랄라~

오랜만에 이렇게 식물을 보니까 정말 좋은 걸~

기분업!

이건 전 세계에 몇 종 없는 희귀 식물이래.

오~

허브

유싱히

팻말에 설명이 쓰여 있어.

이것도 봐봐. 이 버섯은 종류가 균류라고 되어 있어.

버섯 종류: 균류

오잉?

균류? 그럼 버섯이 세균이라는 거야?

그렇다면 내가 좋아하는 버섯 전골은 세균 전골?

컥

어피치에게 궁금증이 생겨 켜져라 전구를 켤 수 있습니다

0%

54

둥둥게이션

초 5-1 다양한 생물과 우리 생활 중3 유전과 진화

버섯이 속한 균류와 세균은 다른 종류야.

어피치 무슨 일이니?

그동안 저는 세균 전골을 먹은 거였어요. 버섯이 세균이래요.

균류를 세균이라고 생각했구나?

버섯 종류: 균류

균류와 세균은 아예 다르단다. 세균은 하나의 *세포로 되어있고, 눈에 보이지 않을 만큼 크기도 작아. 반면에 균류는 여러 개의 세포로 이루어져 있고, 세균보다 세포도 더 복잡하고 크단다.

버섯이 균류에 속하지만 균류와 세균은 다르구나.

균류는 거미줄처럼 가늘고 긴 모양의 *균사로 이루어져 있고, 포자로 번식하는 특징을 가지고 있어.

균사

포자

*세포 생물의 몸을 이루고 있는 구조적, 기능적 기본 단위

*균사 버섯과 곰팡이의 몸을 이루고 있는 실 모양의 섬유

포자가 뭐예요?

포자

포자는 균류가 번식하기 위해 생성하는 세포야. 포자는 작고 가벼워서 눈에 보이지는 않지만 공기를 떠다니며 번식한단다.

피유우

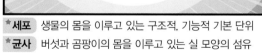

다행이다~

버섯 전골을 계속 먹어도 되겠어.

헤헤

균류는 죽은 생물이나 다른 생물에 붙어서 양분을 얻으며 살아가고, 따뜻하고 축축한 환경에서 잘 자라.

50%
균류

*원생생물 동물이나 식물, 균류로 분류되지 않으면서 생김새가 단순한 생물

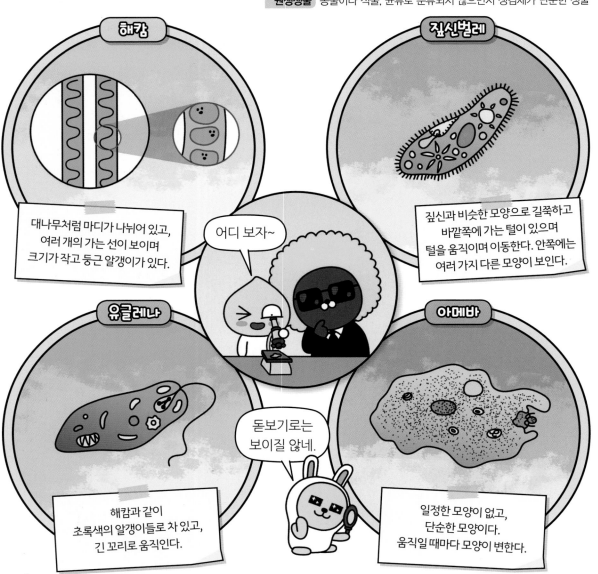

현미경으로 보니 정말 잘 보이네.

신기하다

그런데 원생생물의 특징은 왜 제각각인 거지?

원생생물은 동물, 식물, 균류 등 어디에도 속하지 않는 생물이기 때문이야. 원생생물 대부분은 단세포로 이루어져 있고, 짧은 시간 안에 많은 수로 늘어나지. 또, 광합성을 통해 스스로 양분을 만드는 생물도 있지만 아닌 생물도 있단다.

우리 눈엔 보이지 않는 원생생물!

녹색이면 모두 식물인 줄 알았어!

히야~

100%
원생생물

생활 쏙! 과학 탐구

과정 **균류가 자라는 환경 알아보기**

■ 준비물 : 식빵 네 조각, 분무기

1. 식빵 네 조각 중 두 조각에 분무기로 물을 뿌리고 유리 덮개로 덮는다.
2. 물을 뿌린 식빵 한 조각과 뿌리지 않은 한 조각은 냉장고 안에 넣는다.
3. 나머지 두 조각은 따뜻한 곳에 둔다.
4. 며칠 후 빵을 꺼내 확인한다.

빵에 자란 곰팡이

결과 물을 뿌린 식빵 중 따뜻한 곳에 있던 식빵에 곰팡이가 피었다.

균류는 따뜻하고 축축한 환경에서 잘 자란다.

어피치가 알게 된 개념

균류 ① 거미줄처럼 가늘고 긴 모양의 균사로 이루어져 있다.
② 포자로 번식하고 죽은 생물이나 다른 생물을 통해 양분을 얻는다.
    예 버섯, 곰팡이

원생생물 대부분 단세포로 이루어져 있고 짧은 시간에 많은 수로 늘어날 수 있다. 다양한 특징을 가지고 있으며 스스로 움직일 수 있는 것도 있고, 없는 것도 있다. 또 광합성을 통해 스스로 양분을 만드는 생물도 있고 아닌 생물도 있다.
    예 해캄, 짚신벌레, 유글레나, 아메바

우리 주변 어디에서나 살고 있어

김치 발효

세균은 죽은 생물 등을 분해하기 때문에 지구의 환경을 유지하는 데 도움을 줘.

지구의 환경 유지

이로운 점

나는 버섯과 곰팡이 같은 균류나 해캄, 유글레나 등의
원생생물보다 크기가 더 작고 생김새도 단순한 생물이야.
그래서 배율이 높은 현미경을 이용해야 볼 수 있지.
종류도 많고 정해진 생김새도 없어.
물, 다른 생물의 몸, 공기, 컴퓨터 자판 등
주변 모든 곳에서 살고 있지.

나의 영어 이름은
박테리아(Bacteria)야.

특징

현미경이 발명되고 나서야
세균의 존재를 알게 되었대.

사라진다면

만약 내가 이 세상에서 사라진다면 어떻게 될까?
음식이 상하지 않을 테니 배탈이 날 일은 없을 거야.
하지만 우리 주변은 죽은 생물이나
배설물로 가득 차게 되고, 새로운 음식을
제대로 소화시킬 능력이 떨어져서
고생하게 될 거야.

해로운 점

된장찌개를
먹을 수 없을지도
몰라.

음식을 상하게 함

질병을 일으킴

어피치가 사이다쌤, 제이지, 네오를 초대했습니다.

힝~ 쌤 아까는 잘 보였는데 지금은 현미경을 아무리 봐도 해캄이 잘 안 보여요 ㅠㅠ

 어피치, 현미경을 볼 때 조동 나사와 미동 나사로 초점을 잘못 맞춘 거 아냐?

조동 나사? 미동 나사? 그게 다 뭐야? 어디에 있는 거야?

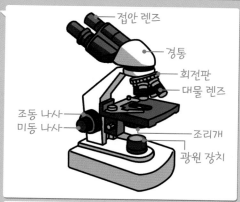
접안 렌즈
경통
회전판
대물 렌즈
조동 나사
미동 나사
조리개
광원 장치

현미경으로 물체를 관찰할 땐 우선 조동 나사로 초점을 대강 맞추고 미동 나사를 돌려 정확한 초점을 맞추면 돼.

 현미경이 이렇게 복잡하게 생긴 거였다니.

쌤~ 회전판은 뭐예요?

 회전판은 대물 렌즈의 배율을 조절하는 나사야. 배율이 높을수록 물체를 더욱 크고 자세하게 관찰할 수 있단다.

 현미경이 없었다면 우리 주위에 눈에 보이지 않을 만큼 작은 생물이 산다는 사실을 알지 못했을 거야.

 최초의 현미경은 1590년에 안경사였던 얀센이 발명했대.

네오는 모르는 게 없네♥

작은 생물을 관찰할 수 있는 현미경

☺ #

외국에서 들어온 생물은 나쁜가요?

개념 빛을 밝혀라 미션

생태계
양분을 얻는 방법
생태 피라미드
NO.7

왁쟈지껄

고마워 프로도.

맛있겠다앙.

얘들아, 외국에서 사 온 초콜릿이야. 이거 먹어봐.

오예!

우아

역시 수입 초콜릿은 맛있어.

음~

아니야, 네오. 우리나라 초콜릿도 맛있어.

에이~

냠냠냠

냠냠냠

맞아. 수입이라고 무조건 좋은 건 아니지.

초콜릿♥

이거 봐봐

'생태계 암살자' 황소개구리 극성
한국 토종 개구리 몸살
2014년

토종 생태계의 반격! 황소 개구리 급감
황소 개구리의 천적은 토종 가물치?!
2019년

★ 생태계   어떤 장소에서 서로 영향을 주고받는 생물 요소(동물, 식물)와 비생물 요소(물, 공기, 온도, 햇빛)

머시라!

외국에서 들어온 황소개구리 때문에 우리나라 생태계가 파괴된 적이 있다고?

궁금

그럼 외국에서 들어온 생물은 나쁜 건가?

그건 모르겠고!! 아무튼 초콜릿은 넘 맛있다.

냠냠냠냠

최고!

으... 프로도...

0%

네오에게 궁금증이 생겨 켜져라 전구를 켤 수 있습니다

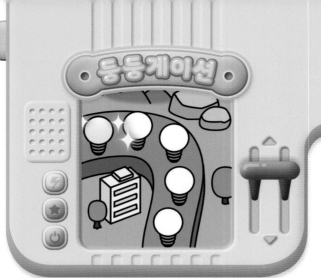

둥둥게이션

모두 나쁘진 않지만 생태계를 교란시키는 생물도 있어.

*교란 상황을 뒤흔들어 어지럽고 혼란하게 함

프로도가 외국에서 사 온 초콜릿이에요.

〈오늘의 급식 메뉴〉
돈까스, 샐러드,
요구르트

드셔보세요~

쌤, 외국에서 들어온 생물이 정말 우리 생태계를 파괴하나요?

우리 생태계는 서로 조화를 이루며 상태를 유지하고 있는데 *외래종이 들어오면 조화를 깨트릴 수도, 함께 *융화될 수도 있단다.

해로운 예	VS	이로운 예
황소개구리는 우리나라의 각종 곤충들을 모두 잡아먹어 생태계를 파괴한다.		외국에서 들어온 목화를 통해 우리는 따뜻한 옷을 입을 수 있다.

내가 짱이야!

겨울을 따뜻하게 지낼 수 있는 건 내 덕분이야. 정말 따뜻해.

목화솜

문익점

생태계 안에서 생물은 각자의 방법으로 양분을 얻어서 살아가. 양분을 얻는 방법에 따라 생산자, 소비자, 분해자로 분류할 수 있어.

40% 생태계

나무   풀

생산자

매

뱀

소비자

곰팡이   버섯

분해자

*외래종 일반적으로 외국에서 들어온 생물로 원래의 서식지가 아닌 장소로 이동하여 생활하는 종
*융화 서로 어울려 화목하게 됨   ***문익점** 고려의 신하로 중국 원나라에서 목화씨를 가져옴

생산자 햇빛 등을 이용하여 스스로 살아가는 데 필요한 양분을 만드는 생물

광합성을 해서 양분을 얻어야지.

생산자는 대부분 풀이나 나무 같은 녹색 식물이야.

소비자 스스로 양분을 만들지 못해 다른 생물을 먹이로 하여 살아가는 생물

냠냠. 꿀을 먹자

나는 녹색 식물을 먹고 살아가.

안녕~

우리도 소비자에 해당되겠구나.

분해자 주로 죽은 생물이나 배출물을 분해하여 양분을 얻어 살아가는 생물

곰팡이는 분해중

버섯

버섯과 곰팡이도 분해자야.

꽥!!

생산자, 소비자, 분해자는 모두 생태계에 꼭 필요한 존재야.

헤헤

그런데 황소개구리도 소비자에 속하는데 왜 생태계를 교란시켰다고 하는 거야?

그건 말야...

황소개구리의 수가 급격히 늘어나서 그래.

와글

와글

와글

50% 양분을 얻는 방법

생태 피라미드
생태계에서 먹이 단계별로 생물의 수를 쌓아 올리면 위로 갈수록 줄어드는 피라미드 모양이 나타난다.

생산자의 수가 가장 많아야 생산자를 먹고 사는 1차, 2차, 최종 소비자도 잘 살 수 있어.

우리의 생태계는 단계별로 수를 유지하며 살아가.

아하!

우아~

특정 소비자 매
2차 소비자 개구리
1차 소비자 메뚜기
생산자 벼

에잇!
먹을게 모자라잖아!
매에게 모두 잡히겠어!
으앙~

최종 소비자인 매가 많아져서 생태 피라미드가 무너진 거군요.

생태 피라미드가 오래 오래 균형을 유지했으면 좋겠다~♥

특정 단계의 생물이 많아진다면 균형은 깨지고 엉망이 된단다.

...

100%
생태 피라미드

네오가 알게 된 개념

생태계 생태계는 서로 조화를 이루며 상태를 유지하고 있다.

양분을 얻는 방법 생산자 : 햇빛 등을 이용하여 살아가는 데 필요한 양분을 스스로 얻음
소비자 : 스스로 양분을 만들지 못해 다른 생물을 먹이로 하여 양분을 얻음
분해자 : 죽은 생물이나 배출물을 분해하여 양분을 얻음

생태 피라미드 먹이 단계별로 생물의 수를 쌓아 올리면 피라미드 모양으로 균형을 이루고 있다.

생물들이 먹고 먹히며 연결되어 있어

생태계에는 서로 잡아먹고 잡아먹히는 관계가 사슬처럼 연결되어 있어. 새우가 *플랑크톤을 먹고, 연어가 새우를 먹고, 상어가 연어를 먹는 것처럼 말이야. 먹이 사슬에는 각자 먹을 수 있는 먹이가 하나밖에 없기 때문에 먹이가 사라진다면 그 먹이를 먹는 생물도 곧 사라지게 될 거야.

특징

반대 개념

모든 생물이 잡아먹고 잡아먹히는 관계는 아니야. 서로 도움을 주는 관계도 있는데 이런 관계를 '공생 관계'라고 해. 대표적인 공생 관계는 상어와 빨판상어란다.

비슷한 관계
먹이 그물

나와 비슷하지만 조금 더 복잡한 관계가 있어. 잡아먹고 잡아먹히는 먹이 사슬이 그물처럼 복잡하게 얽혀 있는 것을 먹이 그물이라고 해. 예를 들어 풀을 먹는 생물은 메뚜기, 토끼, 쥐 등 다양하고, 쥐를 먹는 생물도 뱀, 독수리 등 다양해. 그래서 먹이 사슬과는 다르게 하나의 먹이가 사라져도 다른 먹이를 먹을 수 있어서 살 수 있지.

내가 청소를 해줄게.

빨판상어는 상어 옆에 달라붙어 기생충이나 음식 찌꺼기를 먹고 다른 포식자로부터 자신을 보호할 수 있지. 또 상어는 빨판상어가 기생충을 모두 제거해주니 좋겠지? 그래서 잡아먹지 않고 함께 공생하는 거란다.

우리도 서로 도우며 지내자.

먹이 그물이 복잡할수록 여러 생물들이 살아가기 유리해.

먹이 그물

먹이 사슬

*플랑크톤 운동 능력이 없거나 아주 적은 생물로 수중에 떠다니며 이동하는 생물

광합성은
식물만 할 수 있나요?

개념 빛을 밝혀라 미션

광합성
증산 작용
뿌리와 줄기

NO. 8

얏호   첨벙   까르르르   첨벙

쓱쓱

음~

콘, 뭐해? 같이 놀자.
왜 누워만 있어?

무브 무브!

너희끼리 놀아.
난 광합성 중이야.
에너지를 충전해야 해.

광합성은
식물이 하는 건데…

헐~

광합성으로
충전한다고?

콘! 너의
숨겨진 정체가
녹색 식물이었어?

이럴 수가!

벌떡

광합성은 식물만
하는 거야?

지금까지
난 뭘 한 거지?

0%

콘에게 궁금증이 생겨 켜져라 전구를 켤 수 있습니다

초 6-1 식물의 구조와 기능   중2 식물과 에너지

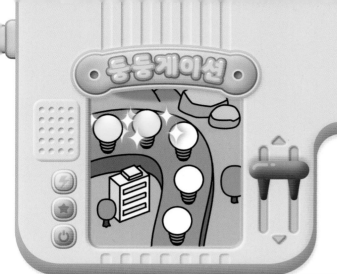

엽록체를 가지고 있어야 광합성을 할 수 있어.

＊**엽록체** 광합성이 일어나는 장소로 엽록소라고 하는 초록색 색소를 가짐

광합성은 엽록체를 가진 식물이 스스로 양분을 만드는 것을 말한단다.

설명만 들으니까 잘 모르겠어요.

그럼 둥둥호를 타고 식물을 만나러 떠나보자.

광합성은 주로 식물의 잎에서 일어난단다. 식물의 뿌리에서 흡수한 물과 공기 중의 이산화 탄소, 빛을 이용하여 녹말과 같은 양분을 만들어.

이산화 탄소

물

양분

녹말

빛

잎뿐만 아니라 엽록체가 있는 줄기나 꽃 등에서 모두 광합성이 일어날 수 있다.

만들어진 양분은 줄기를 거쳐 뿌리, 줄기, 열매 등 필요한 부분으로 운반되어 사용되거나 저장되지.

빛을 받을 수 있는 잎이 넓을수록 광합성이 활발하겠네요.

30% 광합성

67

광합성에 사용되는 물의 양은 일부란다. 나의 잎 표면에는 눈에 보이지 않는 작은 구멍인 기공이 있는데 남은 물은 기공으로 빠져나가. 이걸 증산 작용이라고 불러.

개념콩을 모으며 식물의 호흡에 대해 배운 적이 있지.

뿡

우리가 식물에 물을 주면 그 물이 광합성에 이용되고 증산 작용에도 쓰이는 거였구나.

슈웅

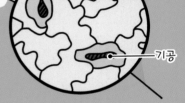

기공

기공은 주로 낮에 열리고 밤에 닫혀.

물을 빨아들이자~

증산 작용은 햇빛이 강하고, 습도가 낮고, 바람이 잘 불 때 활발해.

무지의 팩트 체크

기공의 모양	증산 작용이 잘 일어나는 조건				
	강	강	약	강	강
	빛	기온	습도	바람	체내 수분
	약	약	강	약	약
	증산 작용이 잘 일어나지 않는 조건				

그런데 증산 작용은 왜 일어나는 거예요? 물이 자꾸 빠져나가면 나쁜 거 아닌가요?

갸우뚱

나는 떠날게~

잎에 도달한 물이 식물 안에 계속 머무르면 뿌리는 더 이상 새로운 물을 흡수하지 못해서 생존할 수 없어.

반가워.

똑똑~ 내가 올라가도 되니?

증산 작용을 통해 식물은 스스로 온도를 조절하며 살아갈 수 있어.

우리가 더울 때 땀을 흘리고 선풍기 바람에 말리며 체온을 조절하는 것처럼 식물도 증산 작용을 해.

잎이 온도를 스스로 조절하기 때문에 더운 여름을 견딜 수 있는 거구나.

아~ 아~ 아~

60%
증산 작용

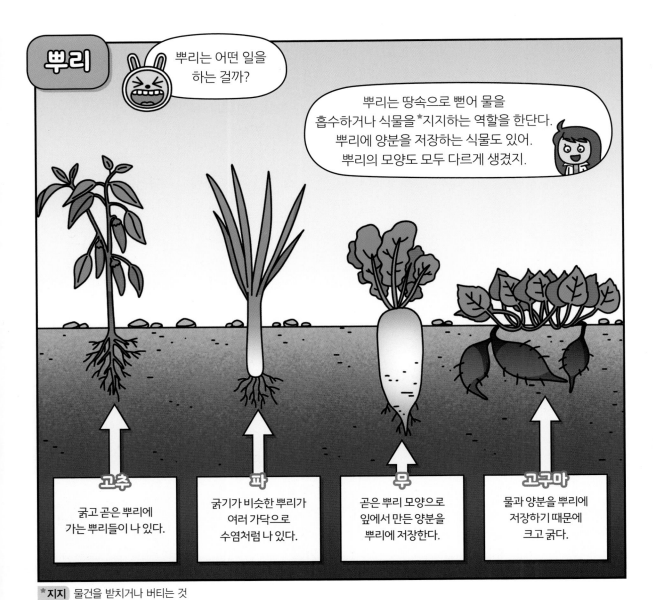

뿌리

뿌리는 어떤 일을 하는 걸까?

뿌리는 땅속으로 뻗어 물을 흡수하거나 식물을 *지지하는 역할을 한단다. 뿌리에 양분을 저장하는 식물도 있어. 뿌리의 모양도 모두 다르게 생겼지.

고추
굵고 곧은 뿌리에 가는 뿌리들이 나 있다.

파
굵기가 비슷한 뿌리가 여러 가닥으로 수염처럼 나 있다.

무
곧은 뿌리 모양으로 잎에서 만든 양분을 뿌리에 저장한다.

고구마
물과 양분을 뿌리에 저장하기 때문에 크고 굵다.

*지지 물건을 받치거나 버티는 것

이것 봐. 뿌리털이야.

식물마다 뿌리의 생김새는 다르지만 공통적으로 뿌리털을 가지고 있구나.

뿌리털이 있어서 식물이 물을 더 빠르고, 많이 흡수할 수 있는 거야.

뿌리를 통해 흡수된 물은 줄기를 통해 이동한단다. 물은 줄기를 거치며 식물 전체로 이동하지. 이번에는 줄기가 물을 어떻게 이동시키는지 실험을 통해 알아보자.

· 줄기 속 물의 이동 ·

붉은 물감을 푼 물에 흰색의 백합을 4시간 정도 꽂아 놓자.

줄기를 가로로 잘라볼까?

붉은 점들이 보여.

탁

이번엔 세로로 잘라보자.

물이 붉은 선을 따라 세로로 잎까지 이동하는구나.

스윽

이처럼 식물의 줄기는 물이 이동하는 통로란다. 하지만 감자나 마늘처럼 줄기에 영양분을 저장하는 식물도 있지.

줄기의 생김새는 서로 다르지만 하는 일은 비슷해.

야호!

100%
뿌리와 줄기

콘이 알게 된 개념

광합성 엽록체를 가진 식물이 빛과 이산화 탄소, 뿌리에서 흡수한 물을 이용해 스스로 양분을 만드는 것.
주로 식물의 잎에서 일어난다.

증산 작용 잎에 도달한 물이 기공을 통해 빠져나가는 것을 말한다.
햇빛이 강하고, 습도가 낮을 때, 바람이 잘 불 때 활발하게 일어난다.

뿌리와 줄기 ① 뿌리 : 땅속으로 뻗어 물을 흡수하고 식물을 지지한다.
② 줄기 : 뿌리에서 흡수한 물이 식물 전체로 이동하는 통로이다.

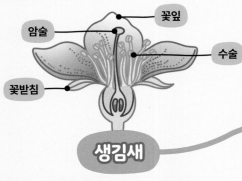

꽃은 말이야 씨를 만드는 일을 하지

꽃잎
암술
수술
꽃받침

생김새

나는 식물의 종류마다 크기, 색깔 등이
모두 다르지만 대부분의 꽃은
암술, 수술, 꽃잎, 꽃받침으로 이루어져 있어.
암술은 꽃가루받이를 거쳐 씨를 만들고
수술은 꽃가루를 만드는 곳이야.
꽃잎은 암술과 수술을 보호하고
꽃받침은 꽃잎을 덮어서 보호해줘.

하는 일

꽃가루
암술

내가 하는 대표적인 일은
바로 씨를 만드는 일이야.
씨를 만들기 위해서는 수술에서
만든 꽃가루를 암술로 옮겨야 해.
이것을 꽃가루받이
또는 수분이라고도 부른단다.

내가 좋아하는
코스모스는 충매화네.

다양한 꽃가루받이 방법

꽃가루받이는 곤충, 새, 바람, 물 등의
도움으로 이루어질 수 있어.

꽃가루가 벌, 나비,
파리 등 곤충에 의해 암술로
옮겨지는 방법이야.

꽃가루가
새에 의해 옮겨지는
방법이야.

바람에 날려
꽃가루가 암술로
옮겨지는 방법이지.

꽃가루가 물에 의해
옮겨지는 방법이야.

충매화

코스모스, 매실나무,
사과나무, 연꽃 등

조매화

동백나무, 바나나 등

풍매화

소나무, 옥수수, 벼 등

수매화

물수세미, 나사말 등

콘이 사이다쌤, 무지, 라이언을 초대했습니다.

쌤! 식물과 동물이 비슷한 점이 있나요?

 식물과 동물은 비슷한 점이 많을 것 같아.

 식물과 동물 모두 세포로 이루어져 있다는 점을 꼽을 수 있지.

 식물과 동물은 같은 세포를 가지고 있는 거예요?

 모든 생물은 세포로 이루어져 있어. 하지만 식물 세포와 동물 세포는 비슷한 점도 있고 다른 점도 있단다.

 # 식물 세포와 동물 세포 ···

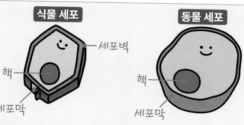

식물 세포와 동물 세포 모두 크기가 너무 작아 맨눈으로는 관찰할 수 없다. 두 세포 모두 *핵과 *세포막을 가지고 있다는 공통점을 가지고 있다. 하지만 식물 세포는 *세포벽을 가지고 있고 엽록체가 있지만 동물 세포는 세포벽을 가지고 있지 않다.

*핵 생물의 생명 활동을 조절하는 부분으로 각종 유전 정보를 포함함

*세포막 세포 내부와 외부를 드나드는 물질의 출입을 조절하는 막

*세포벽 세포를 보호하고 세포의 모양을 일정하게 유지하는 벽으로 식물 세포에만 존재 함

와~ 신기하다!! 식물도 동물처럼 세포를 가지고 있구나.

 그럼 꽃잎을 현미경으로 관찰하면 식물 세포를 볼 수 있겠다.

식물 세포와
동물 세포

➕　　　　　　　　　　　　　　　☺ #

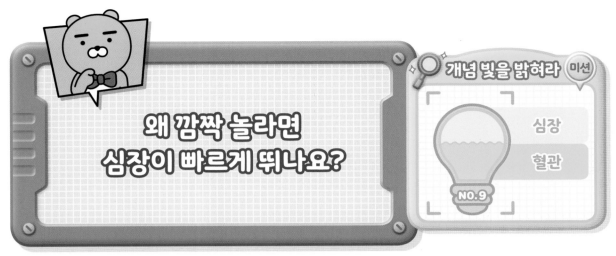

왜 깜짝 놀라면
심장이 빠르게 뛰나요?

개념 빛을 밝혀라 미션

심장
혈관

NO.9

라이언에게 궁금증이 생겨 켜져라 전구를 켤 수 있습니다

0%

75

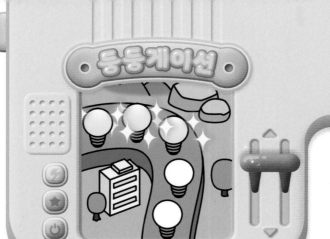

신체가 위급한 상황을 느끼고 대처하기 때문이야.

제가 튜브를 놀래킨 후로
튜브의 심장이 빠르게 뛰고 있어요.
심장이 떨어지려는 건 아니겠죠?

히잉...   아하!

신체가 위급한 상황이라고
인식하면서 *호르몬이
분비되었기 때문이야.
놀라거나 스트레스를
받을 때, 또 격한 운동을
했을 때 심장이 빨리 뛰어.

호르몬 우리 몸에서 생성되는 화학 물질로 혈액을 통해 운반되며
우리 몸을 조절함

그럼 심장의 구조와
어떤 역할을 하는지 알아볼까?

심장

혈액이 혈관을 타고 우리 몸에 필요한 산소와 영양분을
공급할 수 있도록 펌프질을 한다. 사람의 심장은 2심방, 2심실로
구성되어 있고 혈액은 심장 안에서 심방을 통해 심실로 이동한다.

난 우리 몸에
없어서는 안 될 가장
중요한 기관이야.

정맥
심방에서 혈액이
들어오기 위한 혈관

동맥
심실에서 혈액이
나가기 위한 혈관

우심방
혈액이 온 몸을 돌고
들어오는 곳, 오른쪽에 위치

좌심방
혈액이 폐에서부터
들어오는 곳,
왼쪽에 위치

우심실
혈액이 폐로 나가는 곳,
오른쪽에 위치

좌심실
혈액이 온 몸으로
나가는 곳, 왼쪽에 위치

*이완 굳어서 뻣뻣하게 된 근육 등이 원래의 상태로 풀어짐
*수축 근육 등이 오그라듦

심방과 심실이 *이완하면 혈액이 들어오고 심방이 *수축하면 심실로 혈액을 내보내. 다시 심실이 수축하면 동맥을 통해 혈액이 몸 곳곳으로 내보내진단다.

심장에서 혈액이 들어오고 나가는 과정

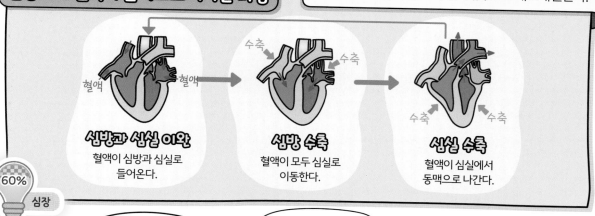

혈관의 구조와 기능

라이언이 알게 된 개념

심장 1분에 60~80번 정도 펌프질을 반복해 우리 몸에 필요한 산소와 영양분을 공급한다.

혈관 혈액과 산소, 영양분을 우리 몸의 머리부터 발끝까지 이동시키는 통로로 크게 동맥, 정맥, 모세혈관으로 나눌 수 있다.

뼈는 몸을 지탱하고 내부 기관들을 보호하는 역할을 해.
각 부위별로 뼈가 하는 일을 알아볼까?

뼈

머리뼈
바가지와 비슷한
모양으로 뇌를
감싸 보호한다.

척추뼈
몸을 *지탱하고
기둥을 이룬다.

갈비뼈
심장과 폐 등을
둥글게 감싸
보호한다.

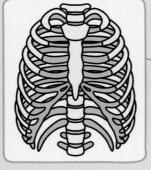

팔뼈
*관절이 많아
구부리거나 펴는
활동을 할 수 있다.

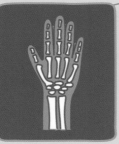

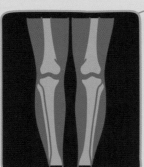

다리뼈
팔뼈보다
더 길고 두꺼우며
우리 몸을 지탱해
서 있을 수 있다.

우리 몸의 뼈들이 움직이기 위해서는
뼈와 연결된 근육이 먼저 움직여야 해.
뼈가 스스로 움직이는 것이 아니라
근육의 길이가 늘어나거나 줄어들면서
뼈를 움직이도록 하는 거란다.

근육은 뼈에
붙어있구나.

근육

어떻게 뼈를 움직일 수 있게
하는지 한번 살펴볼까?

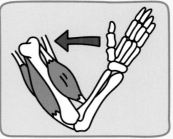

팔을 곧게 펼 때는 팔 안쪽
근육이 늘어나고 바깥쪽 근육은
길이가 줄어들며 통통해져.

팔을 구부릴 때는 팔 안쪽 근육의
길이가 줄어들며 통통해지고,
바깥쪽 근육은 늘어나.

***지탱** 오래 버티거나 유지함
***관절** 뼈와 뼈가 맞닿아 연결되어 있는 곳

라이언이 튜브와 사이다쌤을 초대했습니다.

튜브, 놀라게 해서 미안해.

 라이언, 괜찮아 ^^

심장이 나를 위해 이렇게 열심히 움직이고 있는지 몰랐어.

심장 덕분에 우리가 이렇게 뛰어 놀 수 있는 거야. 고마운 심장♥

근데 심장과 뇌 중 어떤 기관이 더 중요한가요?

 우리 몸에 있는 장기 중에 소중하지 않은 것은 하나도 없단다. 뇌에 대해 알아볼까?

 # 뇌 ···

뇌는 우리가 생각을 하고 판단과 결정을 할 수 있도록 도와주는 기관이다. 뇌에는 많은 주름이 있고 이 주름 안에 많은 양의 *신경 세포들이 퍼져 있다. 신경 세포들은 몸에서 일어나는 여러 가지 정보를 교환하며 우리 몸이 유지될 수 있도록 도와준다.

*신경 우리 몸의 각 기관을 연결하여 조절하고 정보를 주고받는 역할을 하는 끈처럼 된 구조

우리 머릿속에 뇌가 들어있다는 거잖아. 정말 신기하다.

 뇌가 있어서 운동, 감각, 언어, 기억, 생명 유지 등이 모두 가능한 거야.

날 위해 이렇게 많은 기관들이 힘써주다니. 앞으로 나를 더 소중하게 대해줘야지! ♔

우리 몸의 유지를 도와주는 뇌

⊕ ☺ #

똥과 오줌은
왜 만들어지나요?

개념 빛을 밝혀라 미션

소화
배설

NO.10

오늘은 즐거운
소풍가는 날~

와아

앗호

까르르르

삐질
삐질

와~

크억!

제이지, 왜 그래?
괜찮아?

헐~

식은땀 좀 봐.

쿵!

삐질
삐질

안절부절

삐질
삐질
삐질

나… 너…너무
화장실이 급해.

긴급!!!

스탑!

끼익

다행이다~

화장실

휴~

제이지, 괜찮아?

응, 이제 살 것 같아.

헤헤

다행이야.
큰일 날 뻔 했어.

시원해?

똥과 오줌은 대체 왜 만들어지는 걸까?

정말 귀찮아~

짜증

제이지에게 궁금증이 생겨 켜져라 전구를 켤 수 있습니다

0%

81

둥둥게이션

초 6-2 우리 몸의 구조와 기능   중3 자극과 반응

우리 몸의 노폐물을 내보내기 위해서야.

★**노폐물** 생물체 안에서 일어나는 에너지 과정의 최종 단계에서 나오는 이산화 탄소와 물로 땀, 오줌, 이산화 탄소 등이 속함

과학에서는 땀과 오줌을 배설물, 똥은 배출물로 구분해. 똥과 오줌은 우리가 먹은 음식에서 영양소와 수분을 제외한 노폐물을 내보내기 위해서 만들어지는 거란다.

근데 왜 똥은 갈색이고 오줌은 노란색이지?

시금치를 먹으면 초록색 아니야?

음식이 소화되며 분해되었기 때문이야. 우리가 먹은 음식은 소화 과정을 통해 ★분해된 다음 ★배출된단다.

소화 기관

입
음식물을 잘게 부수고 침으로 삼킬 수 있는 상태를 만든다.

식도
입에서 내려온 음식물이 위로 이동하는 통로이다.

위
★위액을 분비해 음식물을 더욱 잘게 쪼개고 섞는다.

작은창자
음식물 속의 영양분을 흡수한다.

큰창자
음식물의 수분을 흡수한다.

항문
소화되지 않은 음식물 찌꺼기를 배출한다.

★**분해** 여러 부분이 결합되어 있는 것을 나눔
★**배출** 안에서 밖으로 밀어서 내보냄
★**위액** 위에서 분비되는 소화액, 산성을 띠고 있음

50%
소화

우리가 음식을 먹으면 몸속에서 많은 일이 일어나는구나.

노폐물을 왜 꼭 내보내야 하는 거죠?

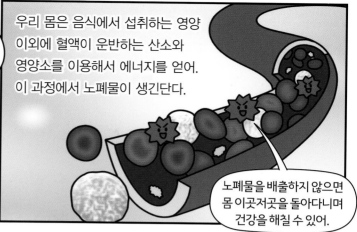

우리 몸은 음식에서 섭취하는 영양 이외에 혈액이 운반하는 산소와 영양소를 이용해서 에너지를 얻어. 이 과정에서 노폐물이 생긴단다.

노폐물을 배출하지 않으면 몸 이곳저곳을 돌아다니며 건강을 해칠 수 있어.

배설 기관

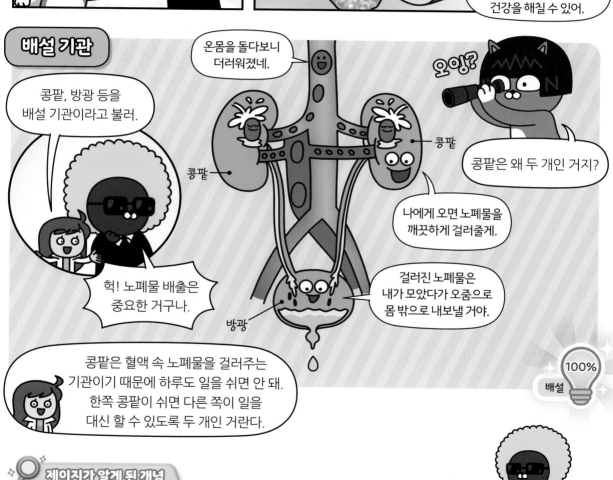

온몸을 돌다보니 더러워졌네.

오잉?

콩팥, 방광 등을 배설 기관이라고 불러.

콩팥

콩팥

콩팥은 왜 두 개인 거지?

나에게 오면 노폐물을 깨끗하게 걸러줄게.

헉! 노폐물 배출은 중요한 거구나.

방광

걸러진 노폐물은 내가 모았다가 오줌으로 몸 밖으로 내보낼 거야.

콩팥은 혈액 속 노폐물을 걸러주는 기관이기 때문에 하루도 일을 쉬면 안 돼. 한쪽 콩팥이 쉬면 다른 쪽이 일을 대신 할 수 있도록 두 개인 거란다.

100%
배설

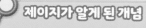

제이지가 알게 된 개념

소화 ① 음식물을 잘게 쪼개는 과정이다.
② 우리가 먹은 음식물은 입 → 식도 → 위 → 작은창자 → 큰창자 → 항문 순서로 이동하며 영양소와 수분을 흡수한다.

배설 ① 혈액 속에 있는 노폐물을 몸 밖으로 내보내는 과정이다.
② 콩팥에서 혈액 속의 노폐물을 거르고 혈액은 다시 혈관을 통해 순환한다.
③ 노폐물은 오줌이 되어 방광에 모였다가 몸 밖으로 배출된다.

우리 몸에 산소를 공급해주는 기관이야

기관

나는 코로 들어온 공기가 지나가는 통로인 기관이야. 굵은 관처럼 생겼고 코와 기관지를 연결하고 있단다. 내 몸에는 아주 얇고 고운 섬모와 끈적한 점액이 있어서 공기 속 먼지와 세균을 걸러주는 역할을 해.

기관지

나는 나뭇가지처럼 생긴 기관지라고 해. 기관과 폐를 연결하며 기관을 통해 내려온 공기가 폐 안으로 이동할 수 있도록 도와준단다. 나는 아주 복잡하게 여러 갈래로 나뉘어 있어. 그 이유는 공기가 폐 깊숙한 곳까지 구석구석 잘 전달될 수 있도록 하기 위해서야.

패밀리

정말 신비한 인체의 신비야!

폐

나는 갈비뼈에 둘러싸여 있는 폐야. 좌우에 하나씩 위치하고 있는 작은 공기주머니란다. 몸 밖에서 들어온 산소를 받아들이고, 몸 안에서 생긴 이산화 탄소를 밖으로 내보내는 역할을 해.

나는 우리 몸 중에서 호흡 기관의 센터를 맡고 있는 코야. 나는 호흡 기관 패밀리 중 유일하게 몸 밖에 나와있지. 두 개로 나뉘어 있는 콧구멍으로 공기를 들이마셔서 몸속에 산소를 전달해 준단다.

생김새

코는 숨을 쉬게 해주는 중요한 기관이구나!

공기가 지나가는 순서

숨을 들이마실 때

코 → 기관 → 기관지 → 폐

숨을 내쉴 때

폐 → 기관지 → 기관 → 코

똥과 오줌은 아주 중요한 거였어.

똥과 오줌이 없었다면 우리 몸은 음식물 찌꺼기와 노폐물로 가득 찼을 거야.

그런데 화장실에 가고 싶다고 생각했더니 막 땀이 나던데, 왜 그런거지?

제이지가 사이다쌤을 초대했습니다.

쌤, 화장실을 가고 싶으면 땀이 나는 건가요?

우리 몸속의 기관은 서로 영향을 주고받으며 각각 기능을 수행하고 있어. 제이지가 긴장을 하면 심장이 점점 빠르게 뛰고 공기를 많이 들이마시면서 체온이 올라 땀이 난 거란다.

난 더울 때만 땀이 나는 줄 알았어.

우리가 운동을 하면 몸속의 기관이 어떻게 영향을 받는지 알아보자.

 # 운동을 할 때 각 기관이 주고받는 영향　⋯

운동 기관 에너지를 이용하여 몸을 움직인다.
소화 기관 음식물을 소화해 영양소를 흡수한다.
호흡 기관 산소를 들이마시고 이산화 탄소를 내뱉는다.
순환 기관 온몸에 영양소와 산소를 전달한다.
배설 기관 혈액 속 노폐물을 걸러 배출한다.
＊감각 기관 주변의 자극을 받아들인다.

　＊**감각 기관** 외부의 자극을 느끼고 받아들이는 기관
　예 눈, 귀, 코, 혀, 피부 등

운동을 하고 나면 배가 고픈 이유는 운동하며 빠르게 사용된 영양소를 보충하기 위해서구나.

아까 운동했으니까 프로도랑 빵 먹으러 가야지.

서로 영향을
주고받는
몸속 기관

☺ #

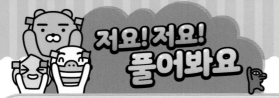

저요! 저요! 풀어봐요

정답 스티커

1 곰팡이와 버섯이 잘 살 수 있는 환경에 대해 바르게 이야기한 카카오프렌즈는 누구일까요?

눈이 오는 겨울에 잘 자라.

햇빛이 잘 드는 운동장에서 살 수 있어.

시원한 가을이 오면 살 수 있어.

아니야. 따뜻하고 축축해야 해.

정답 스티커

2 식물이 증산 작용을 하는 이유에 대해 바르게 말한 카카오프렌즈는 누구일까요?

새로운 물을 흡수하기 위해서야.

잎에서 산소를 내보내기 위해서야.

증산 작용을 하면 뿌리가 튼튼해져.

식물이 밤에 잠을 자기 위해서야.

정답 스티커

3 콩팥이 하는 일에 대해 바르게 이야기한 카카오프렌즈는 누구일까요?

노폐물을 걸러줘.

노폐물을 모아두는 곳이야.

공기가 들어가는 곳이야.

음식물 속 영양분을 흡수해.

4 우리가 먹은 음식물이 소화되는 과정을 이어 길을 찾아보세요.

출발

② 식도

③ 위

① 입

④ 폐

⑤ 간

⑥ 작은창자

⑧ 큰창자

⑨ 항문

⑦ 심장

도착

5 다음 ①~④에 해당하는 용어를 모두 찾아 ○표 해보세요.

① 식물이 빛과 이산화 탄소, 뿌리에서 흡수한
  물을 이용해 스스로 양분을 만드는 것

② 먹이 사슬들이 복잡하게 서로 연결되어 있는 것

③ 균류가 번식하기 위해 생성하는 세포

④ 스스로 양분을 만들지 못해 다른 생물을
  먹이로 살아가는 생물

먹	광	합	성
이	소	성	공
그	포	비	밀
물	자	유	자

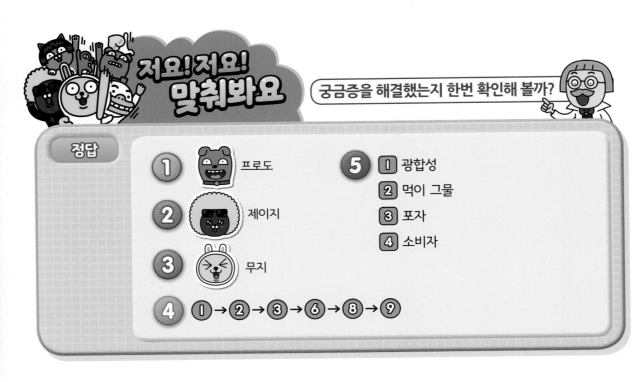

지요! 지요! 맞춰봐요

궁금증을 해결했는지 한번 확인해 볼까?

정답

① 프로도

② 제이지

③ 무지

④ ① → ② → ③ → ⑥ → ⑧ → ⑨

5 ① 광합성
   ② 먹이 그물
   ③ 포자
   ④ 소비자

에너지와 힘

궁금증을 해결하고 켜져라 전구를 켜보세요!

왜 같은 온도에서
금속과 나무의 온도가
다르게 느껴지나요?

러닝머신을 달려도
과학에서 말하는 운동이
아니라고요?

왜 물 컵에 꽂힌 빨대는
휘어진 것처럼 보이나요?

사람의 몸에도
전기가 통한다고요?

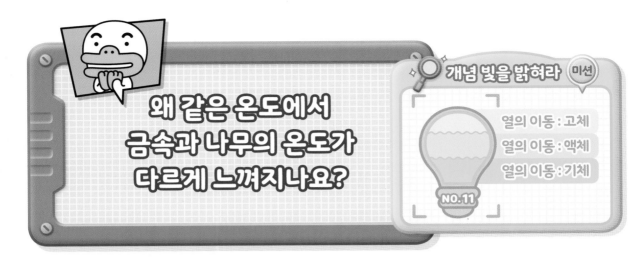

미션

개념 빛을 밝혀라

열의 이동 : 고체
열의 이동 : 액체
열의 이동 : 기체

NO.11

왜 같은 온도에서
금속과 나무의 온도가
다르게 느껴지나요?

어느 방에 들어가지?

여기로
들어가 보자.

왜 같은 온도에서 금속과 나무의
온도가 다르게 느껴지나요?

초 5-1 온도와 열   중2 열과 우리 생활

물질마다 열이
이동하는 빠르기가
다르기 때문이야.

쌤, 어제 찜질방에서 뜨거운 곳에 있다가
동시에 나왔을 때 나무 베개는 괜찮았고
제이지의 목걸이만 뜨거웠어요.

그건 물질의
종류마다 열이 이동하는
빠르기가 다르기
때문이란다.

고체의 경우 열은 온도가
높은 곳에서 낮은 곳으로 물질을 따라
이동하는 성질을 가지고 있어.
이런 열의 이동을 전도라고 부르지.

고체를 가열하면
그 부분의 온도가 점점
높아지며 주변으로
퍼지는구나.

➡ 열의 이동 방향

온도가
높은 곳

온도가
낮은 곳

92

열의 이동 : 기체

🔍 튜브가 알게 된 개념

열의 이동 : 고체	① 전도 : 온도가 높은 곳에서 낮은 곳으로 물질을 따라서 열이 이동하는 방법 ② 열이 이동하는 빠르기는 물질마다 다르다.
열의 이동 : 액체	① 대류 : 액체에서 온도가 높아진 물질이 위로 올라가고 위에 있던 온도가 낮아진 물질이 아래로 내려오는 과정 ② 온도가 높아진 물은 위로 올라간다.
열의 이동 : 기체	온도가 높아진 기체는 위로 올라가고, 온도가 낮아진 기체는 아래로 내려간다.

나는 체온을 측정할 때 사용하는 귀 체온계야.
나의 끝을 귀에 넣고 측정 버튼을 누르면
온도 표시 창에 체온이 표시된단다.
정말 간편하지?

— 온도 표시 창

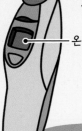

체온을 잴 때
움직이면 안돼.

간지러워.

ㅋㅋㅋ

우리 온도계
패밀리를 소개할게.

귀 체온계

정말 편리하다.

적외선 온도계

온도 표시 창 —

안녕? 나는 주로 고체 물질의 온도를
측정하는 *적외선 온도계란다.
손잡이에 있는 온도 측정 버튼을 누르면서
온도를 측정할 고체 물질의 표면에
레이저 빛을 맞춰봐. 그곳에서 나오는 적외선을
감지하여 창에 온도가 표시될 거야.

★ **적외선** 붉은 *가시광선 바깥쪽 범위의 눈에 보이지 않는 빛
★ **가시광선** 사람의 눈으로 볼 수 있는 빛

°C

고리 —

알코올 온도계

몸체 —

액체 기둥의 끝에
수평으로 눈높이를 맞춰서
눈금을 읽어야 해.

난 주로 액체나 기체의 온도를 측정할 때
사용하는 알코올 온도계야.
액체의 온도를 측정할 땐
액체샘을 측정하려는 액체의 중앙에 담가서
온도를 측정한단다. 온도가 높을 때는
액체샘에 들어있는 빨간색 액체의 부피가 커지며 위로 이동하고
온도가 낮을 때는 부피가 줄어들어서 아래로 내려가.
온도를 읽을 땐 빨간색 액체의 움직임이 멈췄을 때 액체 기둥 끝에
수평으로 눈높이를 맞춰야 정확한 온도를 읽을 수 있단다.

— 액체샘

튜브가 프로도, 제이지를 초대했습니다.

제이지의 목걸이는 고체 중에서도 열 전도가 잘 되는 금속이라 뜨거운 거였어.

 훗, 내 목걸이 멋있지?

 그럼 열이 전도되지 않게 하고 싶을 땐 어떻게 해야 하지? 방법이 없나?

글쎄… 눈에 보이지 않는 열을 무슨 수로 막지?

튜브가 사이다쌤을 초대했습니다.

 열의 전도를 막고 싶다면 두 물질 사이에서 열의 이동을 줄이면 된단다. 단열재를 사용하면 열의 이동을 줄일 수 있어.

> **# 단열재**   …
>
> 보온을 하거나 열을 차단하기 위해 쓰는 재료이다. 단열을 하면 열이 이동하지 않아 물질의 온도를 일정하게 유지할 수 있다. 우리 생활 속에서 단열재를 활용한 물건에는 방한복, 보온병, 건물의 벽 등이 있다.

단열재를 이용하면 열의 전도를 막을 수 있겠네.

 단열재 덕분에 보온병 안에 있는 따뜻한 물을 오랫동안 마실 수 있는 거야.

 고마워, 단열재야.

➕   ☺ #

열의 전도를 막아주는 단열재

러닝머신을 달려도
과학에서 말하는 운동이
아니라고요?

개념 빛을 밝혀라 미션

물체의 운동

빠르기 비교

NO. 12

열심
헥
헥
핫둘 핫둘
열심
다다다

역시 나는 부지런해.

츄 휴~

씽씽
땀뻘뻘

무지!
이거 봐봐.

근육 빵빵

와아
열심히 운동한
보람이 있네.

러닝머신을 달려도 과학에서 말하는
운동이 아니라고요?

초 5-2 물체의 운동 　 중3 운동과 에너지

**과학에서 운동은
시간이 지날수록
물체의 위치가
변해야 하기 때문이야.**

무지가 열심히 러닝머신에서
운동을 하지만 우리가 멀리서
봤을 때 무지는 계속 같은
기준점에 서 있는 것처럼 보여.

그래서 과학적으로
보았을 때는 위치가
변했다고 할 수 없지.

기준점

시간이 지나도
기준점에서 위치가
변하지 않았으니
운동이 아니구나.

운동인듯 아닌듯

물체의 운동은
어떤 게 있나요?

첫째 빠르게 운동하는 물체와 느리게 운동하는 물체

슈우우웅 느릿 느릿

둘째 빠르기가 변하면서 운동하는 물체

에스컬레이터는
위층으로 올라가는 동안
일정하게 움직여.

으악~

롤러코스터는
내리막길에서 점점
빨라지고 오르막길에서
점점 느려져.

셋째 빠르기가 일정하게 운동하는 물체

50%
물체의 운동

자, 이번에는 빠르기를 비교해 볼까? 무지와 어피치가 출발선에서 동시에 출발해서 3초가 지나면 그 자리에서 멈춰보자.

3 2 1

땅!

3초라는 같은 시간에 어피치가 무지보다 조금 더 멀리 이동했지? 이렇게 같은 시간 동안 긴 거리를 이동했을 때 '더 빠르다'라고 할 수 있어.

오예
내가 무지보다 더 빠르다!

어피치, 대단한데?

일정한 시간을 기준으로 빠르기를 비교할 때는 출발점이 같아야 정확한 비교를 할 수 있어.

내가 더 빨리 뛸 수 있어!

무슨 소리! 내 별명은 날쌘돌이야.

에이~
우리들 중에 내가 제일 빠를걸?

물체의 운동	시간이 지날수록 물체의 위치가 변할 때 '운동한다'라고 한다.
빠르기 비교	① 같은 시간 동안 긴 거리를 이동했을 때 더 빠르다. ② 일정한 거리를 이동할 때 시간이 짧게 걸릴수록 더 빠르다.

속도의 크기, 또는 속도를 이루는 힘을 말해

구하는 방법

나는 *단위 시간 동안 물체가 이동한 거리인 속력이야.

$$속력 = \frac{거리}{시간}$$

물체가 이동한 거리를 걸린 시간으로 나누면 나를 구할 수 있단다.

시간과 거리가 다를 때

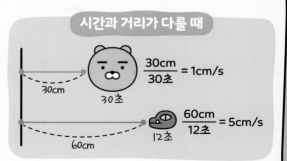

$$\frac{30cm}{30초} = 1cm/s$$

$$\frac{60cm}{12초} = 5cm/s$$

날 통해서 물체의 빠르기를 정확하게 비교할 수 있지.
내가 크다는 것은 물체가 일정한 시간 동안
더 먼 거리를 이동했고, 일정한 거리를 이동하는 데
짧은 시간이 걸렸다는 걸 의미해.

*단위 시간 시간을 말할 때 기준이 되는 시간. 1초, 1분, 1시간 등을 말함

나의 달리기 속력은 5m/s야.

단위

나를 읽는 단위는 cm/s, m/min, km/h가 있어.
여기에 사용하는 s는 '초'를 나타내고 min은 '분',
h는 '시간'을 나타내지.

1초 동안 3m를 이동한 물체의 속력은 3m/s로 나타내고
'삼 미터 퍼 세컨드' 또는 '초속 삼 미터'라고 읽는단다.

자전거	17km/h
자동차	80~120km/h
고속 열차	300km/h
비행기	800~1,000km/h

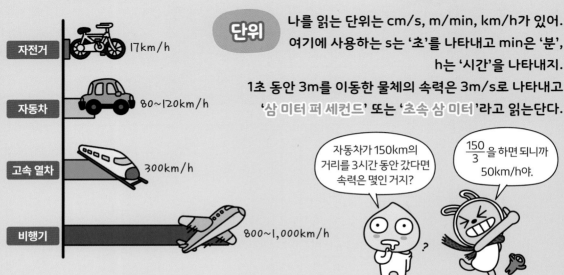

자동차가 150km의 거리를 3시간 동안 갔다면 속력은 몇인 거지?

$\frac{150}{3}$ 을 하면 되니까 50km/h야.

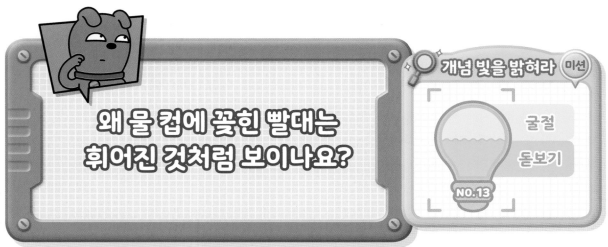

왜 물 컵에 꽂힌 빨대는
휘어진 것처럼 보이나요?

혀혀

아효. 목말라.

네오, 물 좀
마셔도 될까?

그럼~ 여기 있어.

받아~

캬~ 시원해.
역시 날 생각해 주는 건
네오 너 뿐이야♥

끌꺽
끌꺽

까앙

네오, 이거 봐봐.
빨대가 휘어진 것처럼
보이네?

오잉?

따

단

0%

프로도에게 궁금증이 생겨 켜져라 전구를 켤 수 있습니다

104

왜 물 컵에 꽂힌 빨대는
휘어진 것처럼 보이나요?

초 6-1 빛과 렌즈 　 중1 빛과 파동

빛은 서로 다른 물질을 만나면 굴절하는 성질을 가지고 있기 때문이야.

진짜 신기하네.
분명 빨대는 일자 모양인데
물에 꽂으면 휘어져 보여.

빛은 직진하는 성질을 가지고
있다고 했지? 그런데 빛이 뻗어
나가다가 다른 성질의 물질을
만나면 꺾인단다.

빛이 꺾인다고요?

와아

빛이 공기 중에서 물속으로 들어갈 때처럼
물질에서 다른 물질로 이동할 때 경계면
에서 휘어지며 진행 방향을 바꾼단다.
이런 특성을 빛의 굴절이라고 해.

그럼 어항 속 물고기도
빛의 굴절 때문에 실제 위치와
다르게 보이는 건가요?

빛은 물속에서 밖으로
나오며 굴절되어 우리 눈에
들어오지만 우리는 눈에 들어온
빛의 연장선에 물고기가 있다고
생각하는 거란다.

공기
경계면
물

네오가
생각하는 위치

물고기의 실제 위치

물속에 있는 물체의
모습은 실제 크기보다도
훨씬 크게 보여.

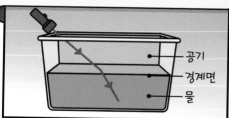

그래서 물 컵 뒤에 있는
책의 글씨도 더 크게
보이는 거구나.

네오

물체가 돋보기로 보는
것처럼 크게 보이네.

짠

50%
굴절

생활 쏙! 과학 탐구

과정 **돋보기로 빛 모으기**

■ 준비물 : 돋보기, 흰색 도화지, 검은색 사인펜

1. 흰색 도화지에 검은색 사인펜으로 그림을 그린다.
2. 밖에 나가 태양, 돋보기, 흰색 도화지가 일직선이 되도록 한다.
3. 흰색 도화지에서 돋보기를 점점 멀리 하여 햇빛이 만든 빛을 모은다.
4. 햇빛을 모아 검은색 사인펜 선을 태운다.

결과 시간이 지나면 종이가 타기 시작한다.

> 볼록 렌즈를 통과하면 빛이 굴절되어 한 곳에 모인다.

프로도가 알게 된 개념

굴절	빛이 직진하다가 다른 성질의 물질을 만나 꺾여 나아가는 현상을 말한다.
돋보기	볼록 렌즈의 특징을 가지고 있고 빛을 굴절시키는 렌즈이다. 렌즈의 두꺼운 부분 쪽으로 빛이 꺾여 나아가며 가운데에서 빛을 모을 수 있다.

햇빛에 숨은 다양한 빛깔을 찾아주는 도구야

햇빛 안에는 여러 가지 빛깔이 숨어 있다는 사실을 알고 있니?
나에게 햇빛을 통과시키면 통과한 빛이 무지개색으로
*분산되는 걸 볼 수 있을 거야. 그 이유는 빛깔마다
굴절하는 정도가 다르기 때문이란다.
빨간빛은 굴절하는 정도가 매우 작고,
보라빛은 굴절하는 정도가 매우 큰 빛이야.

*분산 갈라져 흩어짐

빨간빛
굴절하는 정도가 작다.

보라빛
굴절하는 정도가 크다.

원리

무지개는 공기 중에
떠있는 물방울에 햇빛이
굴절하며 생기는 거야.

나도 거울로
햇빛의 색을
관찰해야지.

만날 수 있는 곳

발견한 사람

뉴턴

햇빛의 색이
무지개색으로 나뉜다는 사실을
발견한 사람은 과학자 뉴턴이야.
뉴턴은 이런 무지개빛의 띠를
스펙트럼이라고 불렀지.

분무기

태양 빛을 등지고
분무기로 물을 뿜으면
스펙트럼이 나타나는 것을
볼 수 있어.

물이 든 수조 속 거울

물이 든 수조에 거울을
비스듬하게 넣고 햇빛이
잘 드는 창가에 비추면
창에 스펙트럼이 맺히는
것을 볼 수 있어.

사람의 몸에도
전기가 통한다고요?

얘들아, 내일 과학관으로 체험학습을 가기로 한 거 잊지 않았지? 오늘 일찍 자고 내일 만나자.

야호!

신난다

네~

다음 날

룰루랄라~

GO~GO~

이것 봐봐.

신기하다.

도체 장난감? 이게 무슨 장난감이지?

도체 장난감 실험

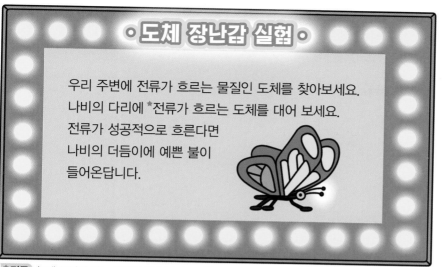

◦도체 장난감 실험◦

우리 주변에 전류가 흐르는 물질인 도체를 찾아보세요.
나비의 다리에 *전류가 흐르는 도체를 대어 보세요.
전류가 성공적으로 흐른다면
나비의 더듬이에 예쁜 불이
들어온답니다.

*전류 눈에 보이지 않는 전기를 띈 입자가 전선을 따라 이동하는 현상

전류가 흐르면 나비의 더듬이에 불이 들어오는구나.

오호! 내 머리 핀에는 전류가 흐르나 봐.

예쁜 불빛~

지우개는 안 켜지네.

틱

틱

오잉?
손을 댔는데 약하게 켜졌어.

틱

어피치의 손에 전류가 흐르나 봐!

손에 전기가 통하는 거야?

당황

뭐야? 나에게 숨겨진 능력인가?

초능력?

설렘

😀 어피치에게 궁금증이 생겨 켜져라 전구를 켤 수 있습니다

0%

109

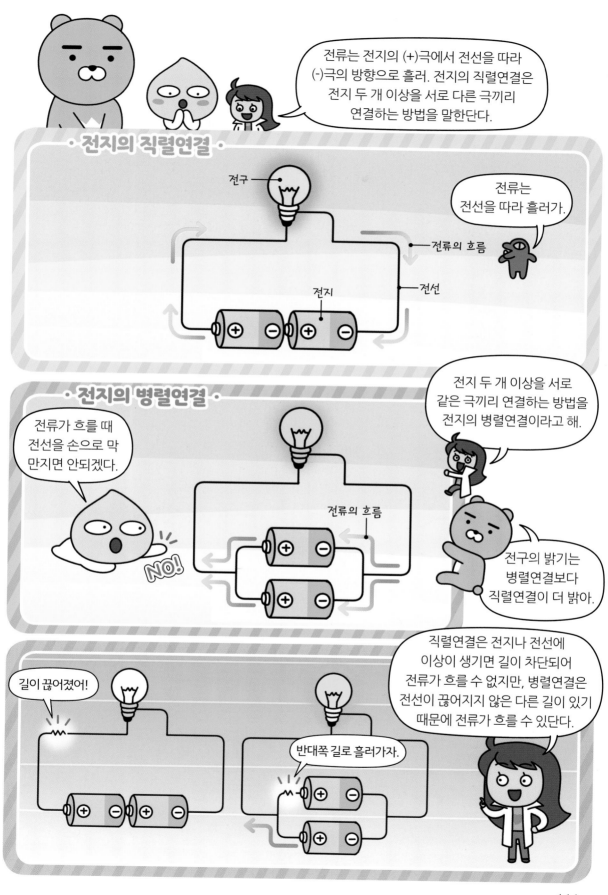

과학관에서 과학을 배우니까 이해가 쏙쏙 더 잘 되네.

까르르르

이제 나가자.

폴짝~

전깃줄에도 전류가 흐르고 있을 텐데 새가 앉아있어. 분명 전선을 만지면 안 된다고 배웠는데….

헤헷!

앗

새는 하나의 전선을 두 다리로 동시에 잡고 있기 때문에 괜찮아. 새의 다리가 전류의 흐름을 방해하기 때문에 두 다리 사이로 전류가 흐르지 않는 거란다.

오~

전선에 다리를 하나씩 올리고 있다면 전류가 흐를 수 있는 길이 만들어져서 감전이 될 거야.

꺅!

지지지직

새보다 몸집이 큰 사람이 전깃줄을 만지면 강한 전류가 흘러들어올 수 있기 때문에 절대 만지면 안 돼!

주의!

100%
전류의 흐름

어피치가 알게 된 개념

전류
도체 : 전류가 잘 흐르는 물체 ⑩ 철, 구리, 알루미늄 등
부도체 : 전류가 잘 흐르지 않는 물체 ⑩ 유리, 고무, 비닐 등

직렬과 병렬
전지의 연결 방법 ① 직렬연결 : 두 개 이상의 전지를 서로 다른 극끼리 연결하는 방법
② 병렬연결 : 두 개 이상의 전지를 서로 같은 극끼리 연결하는 방법
전구의 연결 방법 ① 직렬연결 : 두 개 이상의 전구를 한 줄로 연결하는 방법
② 병렬연결 : 두 개 이상의 전구를 여러 개의 전선에 나누어 하나씩 나란히 연결하는 방법

전류의 흐름
새보다 몸집이 큰 사람이 전깃줄을 만지면 강한 전류가 흘러들어올 수 있기 때문에 함부로 만지면 안 된다.

전자석은 말이야 ▶ 전류가 흐를 때만 자석의 성질을 띠어

만드는 방법

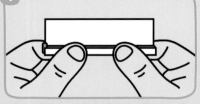
1 둥근머리 볼트에 종이테이프를 감는다.

2 *에나멜선을 한쪽 방향으로 촘촘하게 감는다.

3 에나멜선의 양쪽 끝부분을 사포로 문질러 겉면을 벗겨낸다.

4 에나멜선 양쪽 끝부분을 전기 회로에 연결한다.

반대 성향의 친구

나와는 비슷하지만 정반대의 성격을 가지고 있는 친구는
영구 자석이야. 우리가 흔히 알고 있는 N극과 S극이
고정되어 있는 자석이지. 영구 자석은 전류가 흐르지 않아도
항상 자석의 성질을 가지고 있어.
나와 영구 자석의 어떤 점이 다른지 한번 볼래?

나는 전자석과
반대인 영구 자석!

특징

나는 전류가 흐를 때만
자석이 되는 전자석이란다.
전기 회로의 스위치를
닫아 전류가 흐를 때만
자기장이 생겨서 자석의
성질을 띠지. 만약 전류의
방향이 바뀐다면 나도 N극과
S극의 방향이 바뀌어.

영구 자석	전자석
전류가 흐르지 않아도 자석의 성질이 나타난다.	전류가 흐를 때만 자석의 성질이 나타난다.
자석의 세기가 일정하다.	직렬로 연결된 전지의 개수가 늘어나면 자석의 세기가 세진다.
자석의 극이 일정하다.	전류의 방향이 바뀌면 극이 바뀐다.

전류가 흐르면 자석이
된다고? 신기하네.

*에나멜선 도체에 부도체 물질(에나멜)을 입힌 전선

114

어피치가 사이다쌤, 라이언, 콘을 초대했습니다.

전류가 흘러서 전기가 통하면 편리하긴 하지만 위험한 점도 많은 것 같아.

 맞아. 잘못하면 우리가 감전될 수도 있는 거잖아.

 전기를 사용할 때는 항상 조심해야 한단다. 지켜야 할 안전 규칙을 알려줄게.

젖은 손으로 전류가 흐르는 전기 기구를 만지면 안 돼.

또 플러그를 뽑을 때 전선을 잡아당기면 안 된단다.

헐~ 그동안 내가 했던 행동들이야.

 어피치, 큰일 날 뻔 했어ㅠㅠ 앞으로는 그러면 안 돼.

 몸에 전기가 흐르면 화상을 입거나 목숨을 잃을 수도 있대.

뭐? 죽을 수도 있다고? 앞으로 주의해서 사용해야겠다!

 안전한 전기 사용

 ☺ #

저요! 저요!
풀어봐요

1 빛의 성질 중 굴절을 말하지 않은 카카오프렌즈는 누구일까요?

물 컵에 꽂은
빨대가 휘어져
보였어.

연못에 내 얼굴을
비추어 보았어.

강 속에 있는
물고기가 실제로는
더 깊은 곳에 있었어.

어항 속 물고기가
실제보다 더 커 보였어.

2 전자석의 성질을 잘못 설명한 카카오프렌즈는 누구일까요?

전류가 흐를 때만
자기장이 흘러.

자석의 세기가
변할 수 있어.

극이 바뀌지 않아.

에나멜선으로
만들 수 있어.

ON
AIR

3 뜨거운 곳에 짧은 시간 동안 함께 있었을 때 가장 뜨겁게 느껴지는 고체를
가지고 있는 카카오프렌즈는 누구일까요?

구리

나무

유리

알루미늄

4 자동차가 2시간 동안 160km를 이동했을 때, 자동차의 속력을 바르게 말한
카카오프렌즈는 누구일까요?

8km/h

80km/s

80km/h

160km/h

5 다음 용어의 뜻을 올바르게 연결해 보세요.

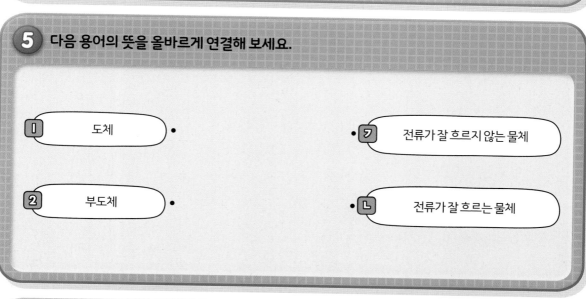

| 1 | 도체 | ㄱ | 전류가 잘 흐르지 않는 물체 |

| 2 | 부도체 | ㄴ | 전류가 잘 흐르는 물체 |

6 맞는 문장에는 ○, 틀린 문장에는 ✕를 써 보세요.

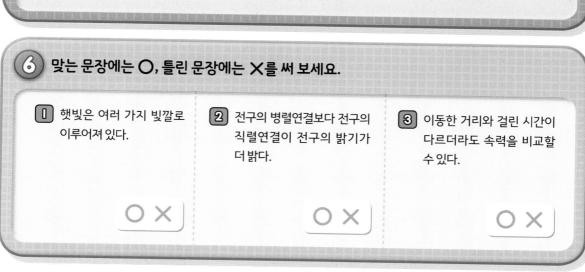

1 햇빛은 여러 가지 빛깔로
이루어져 있다.

2 전구의 병렬연결보다 전구의
직렬연결이 전구의 밝기가
더 밝다.

3 이동한 거리와 걸린 시간이
다르더라도 속력을 비교할
수 있다.

○ ✕   ○ ✕   ○ ✕

7 다음 ①~④에 해당하는 용어를 모두 찾아 ◯표 해보세요.

① 온도가 높은 곳에서 낮은 곳으로 물질을 따라서 열이 이동하는 성질

② 햇빛을 프리즘에 통과시켰을 때 가장 많이 굴절하는 색

③ 액체에서 온도가 높아진 물질이 위로 올라가고 차가운 위에 있던 물질이 아래로 내려오는 과정

④ 전지, 전선, 전구 등 전기 부품을 서로 연결해 전기가 흐르도록 한 통로

대	전	보	유
류	도	체	라
가	자	석	양
전	기	회	로

저요! 저요! 맞춰봐요

궁금증을 해결했는지 한번 확인해 볼까?

정답

① 어피치

② 제이지

③ 라이언

④ 네오

⑤ ①─ㄱ, ②─ㄴ (교차)

⑥ ① ◯ ② ✕ ③ ◯

⑦ ① 전도 ② 보라 ③ 대류 ④ 전기 회로

우리 지구와
우주 이야기

궁금증을 해결하고 켜져라 전구를 켜보세요!

태양계 안에 행성에서
쫓겨난 천체가 있다고요?

∨

안개는 왜 끼는 건가요?

∨

지구가 태양을
한 바퀴 도는 데 시간이
얼마나 걸리나요?

∨

왜 겨울엔
낮의 길이가 짧은가요?

태양계 안에 행성에서 쫓겨난 천체가 있다고요?

개념 빛을 밝혀라 미션

행성
태양계
별

NO. 15

슝슝

안녕~ 목성

앗?!

지직—칙—

카카오 프렌…즈… 들리니? 지지직—

나잘나 박사님?!

박사님~ 저희는 행성 여행 중이에요.

지지직—

오호~

지금은 어디쯤이니?

지지직—

지금 막 화성을 지나 목성에 가고 있어요. 명왕성까지 갔다가 다시 돌아올게요.

뭐!? 명왕성?

그렇게나 멀리?
명왕성은 이제 행성이 아니야.
행성에서 쫓겨난 지가 언젠데.

맙소사

명왕성이 행성에서
쫓겨났다고요?

지직— 지지직—

… 잘 안들…리는 구나.
… 조심히… 오렴.

지직—

헉!

분명 여기 지도에는
명왕성이 행성이라고
되어 있는데.

여기 봐. 이 우주 지도는
2006년에 마지막으로
업데이트됐나 봐.

업데이트 2006년 1월 1일

사이다쌤에게
여쭤보자.

허둥
지둥

명왕성은
행성이에요?
아니에요?

쌤!!

일어나보세요~

감짝

흔들~

태양계에서
쫓겨난 거예요?

둥둥게이션

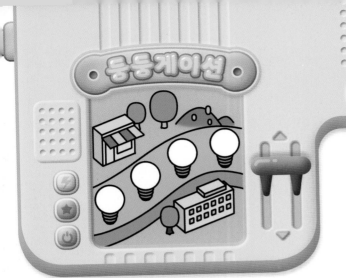

초 5-1 태양계와 별

중2 태양계

**명왕성은
2006년에 행성에서
제외되었어.**

이제부터 명왕성은
행성이 아닌 왜소행성으로
정의합니다.

오늘은 그동안 논란되었던
명왕성에 대한 새로운 정의를
내리겠습니다.

명왕성은 크기가 너무 작고
태양 주위를 일정한 *궤도로 돌지
않거든. 또 위성을 끌어당기는
힘이 너무 약해서 행성이라
볼 수 없다고 한 거야.

제26회 국제천문연맹 총회

*궤도 물체 주위를 곡선으로 도는 이동 경로

이제 명왕성은
태양계에서
사라지는 거죠?

명왕성은 원래 있던 곳에
그대로 있는데 행성이라고
부르지 않는 거지.

다시 행성이 되려면
어떤 조건을 갖춰야 하죠?

행성은 스스로 빛을 내지
못하고 태양 빛을 반사한단다.
그리고 항상 태양을 중심으로
일정하게 공전하고 주변의
*천체를 지배할 만한 힘을
가지고 있어야 해.

힝...

*천체 우주에 있는 별, 행성, 위성, 소행성 등을 모두 가리킴

행성은 수성, 금성, 지구, 화성, 목성, 토성, 천왕성, 해왕성~♪

예전에는
행성이 9개!

지금은
행성이 8개!

30%
행성

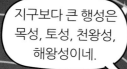
지구보다 큰 행성은
목성, 토성, 천왕성,
해왕성이네.

이제 태양계에는
8개의 행성이 있어.

둥둥

태양

금성

지구에서
가장 밝게 보이는
행성이다.

목성

수성

지구

유일하게
생명체가 살고 있는
행성이다.

태양과 가장 가까운 행성.
달 표면과 비슷한
충돌 구덩이가 있다.

행성 중 가장 큰 행성.
기체로 이루어져 있다.

화성

화성은 지구와
하루의 길이가 비슷해서
제2의 지구로 불려.

둥둥

기체로 이루어져 있고
푸른색으로 보인다.
누워서 자전하는
행성이다.

천왕성

지구와 가장
비슷하고 표면이
붉은색이다.

토성

기체로 이루어져 있고
푸른색으로 보이며
희미한 고리를 가지고 있다.

해왕성

60%
태양계

기체로 이루어져 있고
얼음 조각과 먼지로 이루어진
커다란 고리를 가지고 있다.

오잉?

저게 뭐야?!
예쁜 꼬리가 있어!
태양계 행성 중에 꼬리가 있는
행성은 없었는데….

피슝!

저건 행성이 아니라 혜성이란다.
태양계에는 행성뿐만 아니라
소행성과 혜성도 있어.

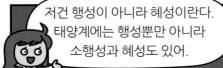

혜성은 꼬리 달린
별이라는 뜻이래.

뜻이 정말 예쁘다.

혜성
먼지와 얼음으로
된 천체.
태양과 가까워지면
꼬리가 생김.

소행성
태양 주위를 도는 행성보다
작은 암석 덩어리. 주로 화성과
목성 사이에 많이 존재함.

소행성과 혜성은
별인 건가요?

별은 스스로
빛을 내는 존재야.

별

소행성

하지만 소행성과 혜성은
스스로 빛을 내지 못하기 때문에
별이라고 할 수 없어.

태양계 안의 유일한
별은 태양이야. 다른 별들은
태양계 밖 우주에 아주
많이 있단다.

이렇게 멀리 있는데도
우리가 빛을 볼 수 있다니.

슈웅~

124

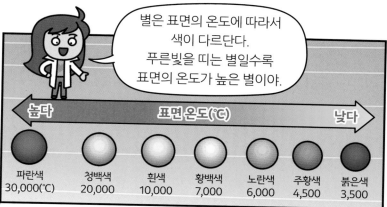

파란색
30,000(℃)

청백색
20,000

흰색
10,000

황백색
7,000

노란색
6,000

주황색
4,500

붉은색
3,500

라이언이 알게 된 개념

행성	태양 주위를 일정한 궤도로 공전하며 스스로 빛을 내지 못하고 태양 빛을 반사한다. 주변 천체를 지배할 만한 힘을 가지고 있다.
태양계	태양과 태양의 영향을 받는 천체들인 태양, 행성, 위성, 소행성, 혜성, 왜소행성 등으로 구성된다.
별	스스로 빛을 내는 태양과 같은 천체를 말한다. 표면의 온도에 따라서 다른 색을 띤다.

태양은 말이야

스스로 빛을 내는 생명의 원천이야

나의 내부가 어떻게 생겼는지 궁금하니?
나의 가장 깊숙한 곳에는 에너지를 뿜어내는
핵이 있어. 이 핵에서 만들어진 에너지가
천만 년에 걸쳐 복사층을 통과해.
복사층 위에는 통과한 에너지를 전달하는
대류층이 있단다.

내부

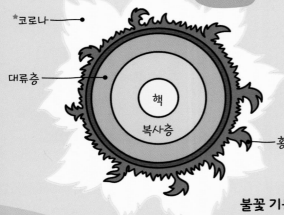

- *코로나
- 대류층
- 핵
- 복사층
- 홍염

또한 나의 표면을 보다 보면 검은색의 점을
볼 수 있을 거야. 바로 흑점이라는 점인데,
주변보다 온도가 상대적으로 낮기 때문에
검은 점처럼 보이는 거야. 가끔씩 나의 표면에서
불꽃 기둥이 폭발하여 치솟는 홍염의 모습도 볼 수 있는데
나의 활동이 활발할수록 흑점과 홍염이 잘 보여.

우리 패밀리를
태양계라고 부르는 건 알고 있지?
태양계 패밀리 행성에는
수성, 금성, 지구, 화성, 목성, 토성,
천왕성, 해왕성이 있어.

패밀리

나는 태양계 패밀리의
엄마 같은 존재야.

만약 사라진다면

내가 사라진다면 지구에는 생명이
살 수 없을 거야. 식물은 광합성을
하지 못하고, 식물을 먹는 동물들도
먹이가 없어서 결국 살아남지 못하겠지.
나의 열기 또한 사라져서 태양계의
행성들이 모두 꽁꽁 얼어붙을 거야.

태양이 사라진다니
상상만으로도 무서워.

*코로나 태양 대기의 바깥층에 있는 옅은 가스

우주는 정말 신비한 것 같아.

 오늘 밤에 하늘에 떠 있는 별들을 관찰해 봐야지.

앗! 네오, 나도 같이 관찰하자.
하늘에서 내 별자리를 찾아볼래.

라이언이 사이다쌤을 초대했습니다.

쌤, 네오와 저는 오늘 밤에 별과
별자리를 보러 가기로 했어요.

 너희들 우주의 매력에 푹 빠졌구나?

별자리는 옛날 사람들이 밤하늘에 있는 별들을
연결해서 이름을 붙인 거야.

우리가 잘 아는 북두칠성과 북극성도
큰 곰 자리와 작은 곰 자리의 별이란다.

> **# 북두칠성과 북극성** ⋯
>
> 북두칠성은 큰 곰 자리의 꼬리 부분에 해당하고 북쪽 하늘에서 볼 수 있는 일곱 개의 국자 모양을 하고 있는 별자리이다. 북두칠성의 국자 모양 끝 부분에서 다섯 배 거리만큼 떨어진 곳에 작은 곰 자리의 북극성이 위치하고 있다. 북극성은 항상 북쪽에 위치하기 때문에 나침반이 없을 때 위치를 알 수 있다.
>
>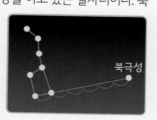
> 북극성

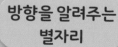
방향을 알려주는
별자리

 나침반이 없을 때 낮에는 태양의 위치를 보고, 밤에는
북극성의 위치를 보면 방향을 찾을 수 있겠구나.

오늘 밤에 북극성도 찾아보자♥

  ☺ #

안개는 왜 끼는 건가요?

이슬과 안개

공기의 이동

NO.16

하암~

잘 잤다~

오늘은
날씨가 어떨까?

룰루~

뚜걱!

휙~

오잉?

밖에 분위기가
으슥한데?

헉헉

꼭 괴물이
튀어나올 것 같아.

으스스스

나는
안개 괴물!

크크크

앞이 하나도 안 보이네….

꽁꽁

앗!

어피치다!

깜짝

어피치가 어디로 갔지?

두리번

두리번

스윽…

맙소사

안개 괴물이 어피치를 잡아간 거 아니야?

ㅋㅋㅋ 어피치는 내가 데려간다!

도와줘!

앗ㅅㅅ

어피치!

안개는 대체 왜 끼는 거야. 하나도 안 보이네.

다다다다

어피치! 어디 있었어!? 네가 잡혀간 줄 알았어.

아흑

쿵!

무슨 소리하는 거야….

으악

튜브에게 궁금증이 생겨 켜져라 전구를 켤 수 있습니다

0%

129

초 5-2 날씨와 우리 생활   중2 기권과 날씨

차가운 공기 때문에 수증기가 응결했기 때문이야.

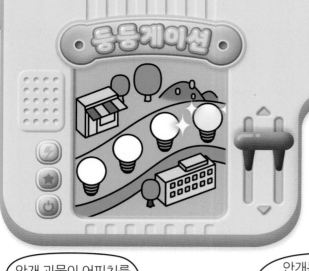

안개 괴물이 어피치를 잡아간 줄 알았어.

안개 괴물?!?! 튜브는 겁쟁이구나.

대체 안개는 왜 생기는 걸까?

안개는 지표면 근처의 공기가 차가워지면 공기 중에 있는 수증기가 응결해 작은 물방울로 떠 있는 거란다.

으악! 깜짝이야.

안개 괴물이다!

스윽

쌀쌀한 아침 등굣길에 나뭇가지나 풀잎에 물방울이 맺혀있는 걸 본 적이 있니? 이렇게 수증기가 응결해서 물방울로 맺힌 걸 이슬이라고 해.

이슬방울

날씨가 쌀쌀해지면 나는 물방울로 변한단다.

수증기

안개도, 이슬도 날씨가 추워져서 생기는 거구나.

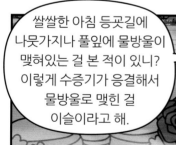

근데 구름도 수증기가 응결해서 만들어진 것 아닌가요?

공기 중의 수증기가 응결하면 구름이 된단다.

안녕~ 난 수증기가 되어 공기 중으로 나온단다.

바닷물이 모두 증발하면 바다에는 소금만 남을 거야.

배운 내용인데...

튜브는 복습을 열심히 했구나.

맞아

감동

훗

50%
이슬과 안개

생활 쏙! 과학 탐구

과정 **공기의 무게**

■ 준비물 : 플라스틱 통, 전자저울

1. 플라스틱 통에 공기 압축 마개를 끼우고 각각 무게를 잰다.
2. 한 개의 플라스틱 통의 공기 압축 마개를 눌러 공기를 압축한다.
3. 플라스틱 통의 무게를 각각 측정한다.

압축하지 않음 **170g**

압축함 **300g**

결과 공기를 압축한 플라스틱 통의 무게가 더 무겁다.

일정한 부피에서 공기 알갱이가 많으면 무게가 더 나간다.

튜브가 알게 된 개념

이슬과 안개 공기 중에 떠 있는 수증기가 응결해서 이슬과 안개가 된다.

공기의 이동 공기는 무게가 무거운 고기압에서 가벼운 저기압으로 이동한다.

우리나라는 사계절의 날씨 변화가 아주 뚜렷하고 계절마다 불어오는 바람의 특징도 모두 다르단다. 겨울에는 북서쪽 대륙에서 이동해 오는 공기 덩어리의 영향으로 춥고 건조한 날씨가 지속되는 거야.

초여름에는 차가운 바다에서 이동해 오는 공기 덩어리와 따뜻한 바다에서 이동해 오는 공기 덩어리가 만나서 비가 자주 내려.

> 바다에서 이동해 오는 공기 덩어리는 대부분 습해.

> 추운 겨울에는 집에서 뒹구는 게 제일 좋아.

겨울

초여름

시베리아 기단
차고 건조한 공기 덩어리

오호츠크해 기단
시원하고 습한 공기 덩어리

양쯔 강 기단
따뜻하고 건조한 공기 덩어리

북태평양 기단
덥고 습한 공기덩어리

> 여름은 너무 덥고 습해.

봄, 가을

여름

남서쪽 대륙에서 이동해 오는 공기 덩어리의 영향으로 봄과 가을에는 따뜻하고 건조한 날씨가 계속돼. 그리고 중국이나 몽골의 사막에서 모래와 먼지가 공기 덩어리와 함께 날아오며 황사가 발생하기도 하지.

> 나무를 심어서 황사에 대비하자.

여름에는 남동쪽 바다에서 덥고 습한 공기 덩어리가 올라오기 때문에 무덥고 습한 날씨가 나타나. 특히 북태평양 기단은 바다 위에서 오랫동안 머무르며 이동해 오기 때문에 습한 성질을 띠고 있단다.

★**시베리아** 러시아 우랄산맥에서 태평양 연안에 이르는 북아시아 지역. 석유, 천연 가스 등 지하자원이 풍부함

사이다쌤이 튜브와 어피치를 초대했습니다.

얘들아, 이번엔 쌤이 바닷가에서 부는 바람의 방향에 대해 알려줄게.

바람은 고기압에서 저기압으로 공기 덩어리가 이동하는 거라고 배웠는데, 바닷가에서는 방향이 다른가요?

낮에는 바다에서 육지 쪽으로 바람이 불고 밤에는 육지에서 바다 쪽으로 바람이 불어.

정말 신기해요. ♡

바닷가에서 낮에 부는 바람은 해풍, 밤에 부는 바람은 육풍이라고 부른단다.

해풍(바다에서 육지로 부는 바람) ...

낮에는 육지가 바다보다 온도가 높기 때문에 육지 위는 저기압, 바다 위는 고기압이 된다.

육풍(육지에서 바다로 부는 바람) ...

밤에는 바다가 육지보다 온도가 높기 때문에 바다 위는 저기압, 육지 위는 고기압이 된다.

낮에는 모래가 바닷물보다 빠르게 데워지기 때문이군요.

그래서 맨발로 흙이나 모래를 밟으면 뜨거운 거였어. 이게 필요하겠군!

바닷가에서 낮과 밤에 바람이 부는 방향

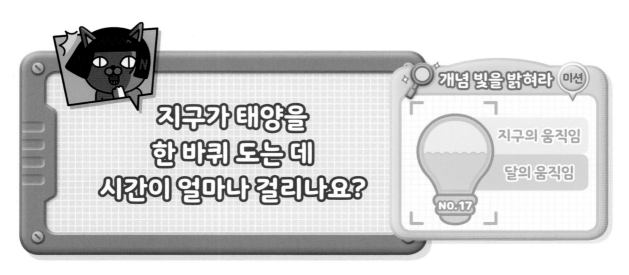

지구가 태양을 한 바퀴 도는 데 시간이 얼마나 걸리나요?

개념 빛을 밝혀라 미션

지구의 움직임

달의 움직임

NO.17

오늘은 태양의 주위를 도는 지구에 대해 공부해보자.

좋아요!

궁금 궁금

지구가 태양의 주위를 돈다고?

뀨~

우리가 운동장을 돌던 것처럼 지구도 운동을 하는 건가?

다다다다

지구도 힘들겠다~

쌤! 지구가 태양을 한 바퀴 도는 데 얼마나 걸리나요?

척!

그건 지구의 공전 주기를 보면 알 수 있단다. 지구가 태양을 한 바퀴 도는 데 약 365일이 걸려.

365일? 1년이요?

지구도 운동 부족인가봐.

띠용

대박

0%

네오에게 궁금증이 생겨 켜져라 전구를 켤 수 있습니다

초 6-1 지구와 달의 운동 | 중2 태양계

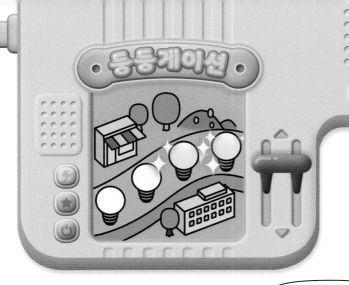

지구가 태양을 한 바퀴 도는 데 약 365일이 걸려.

지구는 지금 이 순간에도 끊임없이 움직이고 있어. 지구가 움직이기 때문에 낮과 밤이 생기고 계절마다 보이는 별자리가 다른 거란다.

나는 제자리에서 빙글 빙글 도는 자전을 해.

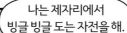

동시에 서쪽에서 동쪽으로 태양 주위를 도는 공전도 하지.

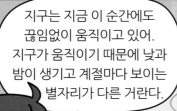

지구의 공전과 자전이 낮과 밤이 생기고 계절이 변하는 거랑 무슨 연관이지?

여기 지구본을 가지고 지구의 자전을 알아볼까?

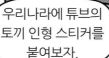

우리나라에 튜브의 토끼 인형 스티커를 붙여보자.

지구본 옆에 전등을 태양이라고 생각하고 놓은 뒤, 지구본을 서쪽에서 동쪽으로 천천히 돌려볼까?

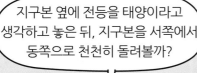

토끼가 보는 태양은 동쪽에서 서쪽으로 움직이는 것처럼 보이네.

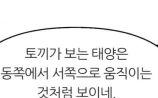

지구는 이렇게 태양의 주위를 365일에 한 바퀴씩 서쪽에서 동쪽으로 회전한단다. 이런 지구의 회전을 공전이라고 해.

공전 덕분에 계절에 따라 보이는 별자리가 달라지는 거군요.

50%
지구의 움직임

그런데 지구 주위에는 달이 있잖아요. 지구가 태양 주위를 도는 동안 달도 지구를 도는 건가요?

넌 내 짝꿍

달도 자전하며 지구 주위를 한 달에 한 바퀴씩 공전한단다. 하룻밤 사이 달의 움직임을 관찰하면 동쪽에서 떠서 서쪽으로 지지. 여러 날 동안 같은 시각에 달을 관찰하면 서쪽에서 동쪽으로 날마다 조금씩 위치를 옮기고 모양도 변한단다.

이제 확실하게 알아

모양의 변화

못하기
을 통해서
를 돌다 보면 태양의 빛을
거의 보이지 않을 수도 있어.
보지 못할 수도 있단다.
르는 이름도 따로 있어.
양은 어떤지 한번 하늘을 봐봐.

달은 스스로 빛을 내지 못하기 때문에 햇빛을 반사하여 밤에 밝게 빛나는 거야.

보름달

그믐달

다른 위성과 차이점

태양계에는 *위성을 가지고

나는

덩치가 큰 위성

태양계에 있는 위성 중 달이 5번째로 크대.

이때, 태양 빛을 받는 부분이 달라지기 때문에 우리 눈에 보이는 달의 모양이 달라지는 거지.

초승달

보름달

그믐달

태양 빛

태양이 달의 뒷부분만 비춰 지구에서 달이 보이지 않아.

*공전 천체가 다른 천체의 주위를 도는 것　*자전 천체가 스스로 회전하는 것　*위성 행성의 둘레를 도는 천체
*공전주기 한 번 공전하는 데 걸리는 시간　*자전주기 한 번 자전하는 데 걸리는 시간

밤에는 달이 어떤 모양일지 관찰해봐요.

헤헷

야호~

좋아! 오늘 저녁에 운동장에서 모이는 거야.

그날 밤

와아

하늘에 둥근 달이 떠 있네.

예쁘다~

오늘이 *음력으로 15일 무렵인가 보구나.

쌤, 달만 보고 어떻게 알 수 있어요?

신기하다

*음력 달이 지구 둘레를 한 바퀴 도는 데 걸리는 시간을 한 달로 삼아 만든 달력. 현재는 잘 쓰지 않음

139

음력 15일 쯤에 보름달이 된 달은 다시 점점 작아지다가 음력 30일 쯤이 되면 잘 보이지 않는단다.

음력 기준 달의 모양						
11일	12일	13일	14일	15일 (보름달)	16일	17일
18일	19일	20일 (하현달)	21일	22일	23일	24일
25일	26일	27일	28일 (그믐달)	29일	30일	1일 (초승달)
2일	3일	4일	5일	6일	7일 (상현달)	8일
9일	10일	11일				

달의 모양이 항상 변하는 이유가 있었구나.

달이 지구 주위를 공전하지 않았다면 다양한 모양의 달을 볼 수 없었을 거야.

100%
달의 움직임

네오가 알게 된 개념

지구의 움직임	① 지구는 하루에 한 바퀴씩 자전하기 때문에 낮과 밤이 생긴다. ② 지구는 태양을 중심으로 일 년에 한 바퀴씩 공전한다.
달의 움직임	달은 지구를 중심으로 한 달에 한 바퀴씩 공전하기 때문에 항상 다른 모양의 달을 볼 수 있다.

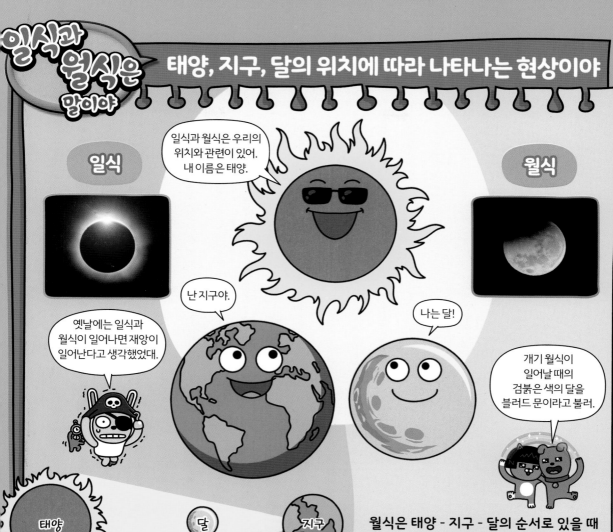

일식

월식

일식과 월식은 우리의 위치와 관련이 있어. 내 이름은 태양.

옛날에는 일식과 월식이 일어나면 재앙이 일어난다고 생각했었대.

난 지구야.

나는 달!

개기 월식이 일어날 때의 검붉은 색의 달을 블러드 문이라고 불러.

태양 — 달 — 지구

일식은 태양 - 달 - 지구의 순서대로 있을 때 태양의 일부나 전체가 달의 그림자에 가려져 보이는 걸 말해.
태양이 달에 완전하게 가려졌을 때를 개기 일식이라고 부르고,
태양의 일부만 가려졌을 때를 부분 일식이라고 부른다.
일식은 태양의 대기층을 연구할 수 있는 아주 좋은 기회지만 일식이 일어나는 시간은 그렇게 길지 않다고 해.

월식은 태양 - 지구 - 달의 순서로 있을 때 지구의 그림자가 달을 가려서 달의 일부나 전체가 보이지 않는 걸 말해.
태양의 빛을 받은 지구의 그림자 뒤로 달이 들어오면서 달이 가려지는 거란다.
달의 일부만 가려졌을 때를 부분 월식, 완전하게 가려졌을 때를 개기 월식이라고 불러.
지구 그림자가 달을 가릴 때 지구에 들어오는 태양 빛 중 붉은색 빛만 달에 도달한단다.
그래서 개기 월식 때는 달이 보이지 않는 것이 아니라 검붉은 색을 띠며 보여.

태양 — 지구 — 달

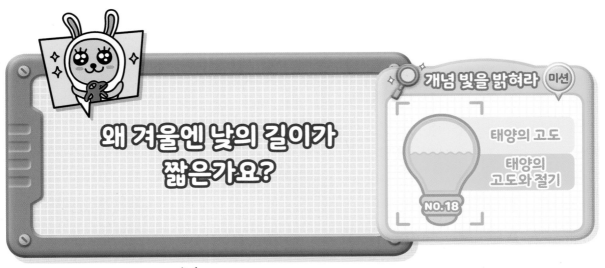

왜 겨울엔 낮의 길이가 짧은가요?

개념 빛을 밝혀라 미션

태양의 고도

태양의 고도와 절기

NO.18

깨똑

무지야, 오늘 우리 집에 놀러와. 같이 놀자.

5시까지 사이다쌤도 모시고 함께 와.

ㅇㅋ

제이지 집 앞

제이지, 빨리 나와. 같이 프로도네 가자.

날씨가 많이 쌀쌀해졌네.

목도리하고 올걸.

겨울이야

추워~ 추워~

하늘이 노을로 물들었어.

아쉽다

프로도네 집에서 맛있는 것도 먹고 밖에서도 놀까 했는데, 벌써 해가 지고 있어.

143

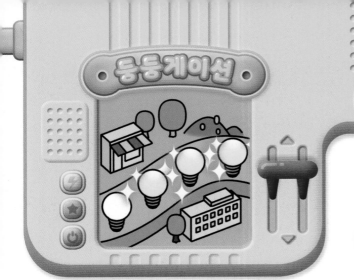

계절에 따라 **태양의 높이가** 다르기 때문이야.

혁 혁

우리 왔어!

아직 먹으면 안돼!

어서와~

왜 이렇게 늦었어?

오늘은 해가 빨리 져서 아쉽다는 이야기를 하다가 사이다쌤의 집을 지나쳐서 다시 다녀왔어.

그건 여름과 겨울에 태양의 높이가 다르기 때문이야. 태양의 높이는 태양*고도를 이용하여 정확하게 나타낼 수 있단다.

태양 고도
막대기
지표면   막대의 그림자

＊고도 천체가 지평선이나 수평선과 이루는 각

태양이 높게 뜰수록 태양 고도도 커지겠군요.

태양이 남쪽에 위치할 때 가장 큰 태양의 고도를 *남중 고도라고 한다.

막대기   남중 고도

태양의 고도랑 낮의 길이랑 무슨 상관인거죠?

우리 VR로 여름과 겨울의 낮을 체험해보자.

＊남중 하루 중 태양이 정남쪽에 위치한 순간

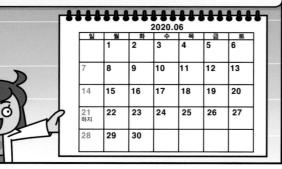

우리 조상님들은 태양의 위치에 따라 일 년을 24개의 *절기로 나누어 계절의 변화를 나타내었단다. 21일을 봐봐.

뭐가 쓰여있네.

하지? 하지는 뭐지?

*절기 태양의 위치에 따라 한 해를 24개로 나누어 계절을 구분한 것

夏
여름 하

하지는 태양의 남중 고도가 가장 높은 날로 여름을 알리는 절기란다.

동지는 태양의 남중 고도가 가장 낮은 겨울의 절기군요.

冬
겨울 동

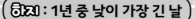 : 1년 중 낮이 가장 긴 날

하지에는 날씨가 아주 더워서 열을 식혀주는 감자를 먹는 풍습이 있대.

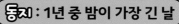 : 1년 중 밤이 가장 긴 날

동지에는 밤이 아주 길어서 긴 밤을 지새우기 위해 팥죽을 먹는 풍습이 있어.

벌써 6시야. 얘들아, 빨리 놀자~

난 음식부터 먼저 먹을래.

100%
태양의 고도와 절기

 무지가 알게 된 개념

태양의 고도	① 남중 고도 : 하루 중 태양이 가장 높이 떠 있을 때의 고도로 정남쪽에 위치할 때를 말한다. ② 여름 : 태양의 남중 고도가 높아 낮의 길이가 길고, 온도가 높다. ③ 겨울 : 태양의 남중 고도가 낮아 낮의 길이가 짧고, 온도가 낮다.
태양의 고도와 절기	① 하지 : 태양의 남중 고도가 가장 높은 여름을 알리는 절기 ② 동지 : 태양의 남중 고도가 가장 낮은 겨울을 알리는 절기

기울어져 있기 때문에 계절의 변화가 일어나

나는 지구의 남극과 북극을 직선으로 연결한 선이야.
나를 중심으로 하루에 한 번씩 지구는 자전한단다.
내가 약 23.5도 기울어져 있기 때문에
계절의 변화가 나타나는 거야.

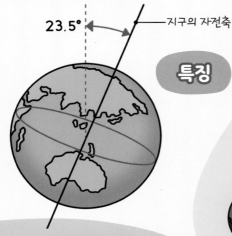

23.5° ─── 지구의 자전축

특징

계절의 변화

우리나라는 지구의 북반구에 위치해 있어.
여름에 북반구에서는 태양의 남중 고도가
높기 때문에 더운 날씨가 이어져.
그러다가 겨울의 북반구는 태양의 남중 고도가
낮기 때문에 날씨가 추운 거란다.
북반구와 남반구는 계절이 정반대야.
북반구가 여름이라면
남반구에서는 추운 겨울이란다.

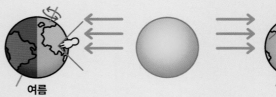

여름　　　　겨울

자전축의 각도가 변한다면

만약 지구의 자전축이 기울지 않고 수직인 채 공전한다면
태양의 남중 고도도 변하지 않고, 계절도 변화가 없을 거야.
그렇기 때문에 낮의 길이도 항상 똑같을 거란다.
반대로 자전축의 기울기 각도가
지금보다 더 커진다면 계절에 따른
온도 변화도 더 심해질 거야.
겨울에는 극지방에 빙하가 두껍게 쌓이고,
여름이 되면 기온이 엄청 높게 올라가서
생명이 살 수 없을지도 몰라.

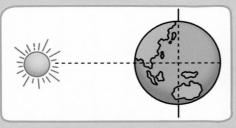

23.5도는
아주 이상적인
각도야.

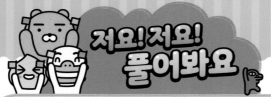

① 지구와 가장 비슷하고 표면의 색이 붉은 행성을 고른 카카오프렌즈는 누구일까요? 정답 스티커

금성

해왕성

수성

화성

② 겨울에 우리나라에 불어오는 차고 건조한 공기 덩어리를 바르게 말한 카카오프렌즈는 누구일까요? 정답 스티커

오호츠크해 기단

시베리아 기단

북태평양 기단

양쯔 강 기단

③ 매일 밤하늘을 관찰했을 때 달의 모양이 조금씩 달라지는 이유를 바르게 설명한 카카오프렌즈는 누구일까요? 정답 스티커

달은 지구와 가까이 있어서 그래.

달은 지구 주위를 공전하기 때문이야.

달이 자전하기 때문이야.

지구와 달과 태양이 일직선에 놓여 있어서 그래.

4 태양에서 가까운 행성 순으로 번호를 이어 길을 연결해 보세요.

출발

① 수성

② 금성

③ 지구

④ 혜성

⑤ 목성

⑥ 소행성

⑦ 북극성

⑧ 천왕성

⑨ 해왕성

도착

149

5 다음 ①~④에 해당하는 용어를 모두 찾아 ○표 해보세요.

① 지구의 남극과 북극을 직선으로 연결한 선

② 북쪽 하늘에서 볼 수 있는 국자 모양을 한 일곱 개의 별자리

③ 우주에 있는 별, 행성, 위성, 소행성 등을 모두 가리키는 것

④ 지구의 그림자가 달을 가려서 달의 일부나 전체가 보이지 않는 것

북	두	칠	성
월	자	유	천
식	전	전	체
선	거	부	축

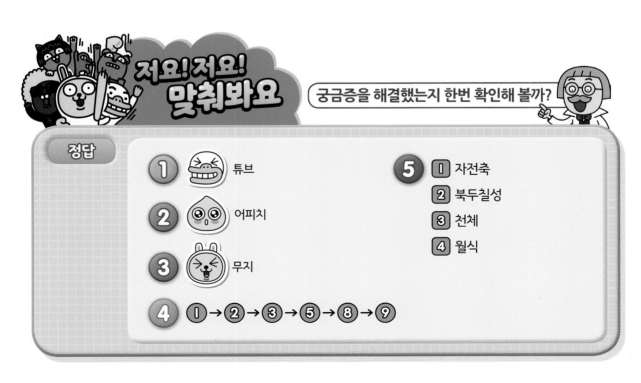

저요! 저요! 맞춰봐요

궁금증을 해결했는지 한번 확인해 볼까?

정답

① 튜브

② 어피치

③ 무지

④ ①→②→③→⑤→⑧→⑨

5 ① 자전축

② 북두칠성

③ 천체

④ 월식

이상하네

둥둥게이션은 여기에서 그냥 앞으로 가라고 했는데….

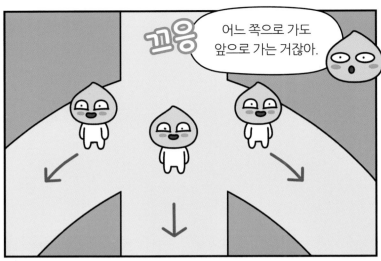

꼬응

어느 쪽으로 가도 앞으로 가는 거잖아.

잠깐

얘들아, 우리 나침반으로 방향을 찾는 법을 배웠잖아!

나침반~

내 가방에 나침반이 있어.

나침반을 살펴보자.

척!

비켜봐. 내가 방향을 찾아줄게.

으악

휙!

크아악

헉!

텟!

이쪽이야!

폴짝
폴짝

대박

나침반도 이쪽 방향을
가리키고 있어.

어피치, 대단한걸?

우헤헤

우다다닷

깜짝

앗!

155

이… 이런. 불안정하긴 했는데 역시 나오지 않는군.

에잇. 특종이 아니군.

사이다쌤! 키가 작아졌다가 다시 돌아온 소감이 어떻습니까?

얘들아, 쌤이 돌아올 수 있게 도와줘서 정말 고마워. 비커 핀은 쌤이 가져가서 연구해볼게.

바이 바이

비커 핀은 제가 다시 연구해볼게요. 기자님들, 저와 함께 가면서 인터뷰 해요.

BYE~ BYE~

안녕~ 카카오프렌즈!

다음 날

아니, 내가 이렇게 못생겼단 말이야?

제가 물약을 발명했어요!!

머리가 엉망이네. 미용실 좀 가야겠어.

둥둥 미용실

최강 멋있게 해주세요.

전 늘 하던 대로요~

잠시후

저벅
저벅

저벅
저벅

위-잉

네오, 어서 와.
우리 파티하자.

시끌

시끌

두둥!

속보! 지구 파업!

이럴수가!

룰루~ 랄라~

지구에게 무슨 일이 생긴 걸까요?

초콜릿 나눠 먹은 날~

찜질방 놀러간 날~

운동장에서 달리기! 네오가 일등!

과학 수업 시간에...^^;;

둥둥호 처음 타본 날!! 멋지다!!

과학 교과서를 통째로 넣은
교과 연계 만화
구해줘
카카오프렌즈

초판 1쇄 발행 2019년 12월 17일
초판 3쇄 발행 2020년 6월 30일

글 | 박영희, 김경민, 김희경, 윤미숙(신나는 과학을 만드는 사람들 소속)
그림 | 도니패밀리
감수 | 장풍(엠베스트·메가스터디 과학 강사), 김지연(서울 초당초등학교)
디자인 | 김서하

발행인 | 손은진
개발 책임 | 장명익
개발 | 김보영, 심다혜, 이윤지
제작 | 이성재, 장병미

발행처 | 메가스터디㈜
출판사 신고 번호 | 제 2015-000159호
주소 | 서울시 서초구 효령로 34(서초동) 국제전자센터 24층
대표전화 | 1661-5431
홈페이지 | http://www.megastudybooks.com

메가스터디BOOKS
'메가스터디북스'는 메가스터디㈜의 출판 전문 브랜드입니다.
유아/초등 학습서, 중고등 수능/내신 참고서는 물론,
지식, 교양, 인문 분야에서 다양한 도서를 출간하고 있습니다.

잘못된 책은 구입하신 곳에서 바꾸어 드립니다.